紅塵舞史

——趟時空人情詩話

願以此書，
獻給在苦難中成長
在逆境中奮鬥的
五兄弟：

廷

一 勳 榕 猷 彪

廷榕　廷勳　廷一　廷彪　廷猷

目錄

粉筆擦和聽診器——代序／韓德生 ／1

一、先賢編

黨主席訪問記 ／3
～與孔子談政黨政治～

不識時務的俊傑 ／16
～孟子訪問記～

有用之用，是無用；無用之用，乃大用 ／34
～莊子訪問記～

成仁取義萬骨枯？
～方孝孺訪問記～／51
和平、奮鬥、救中國？
～中山先生訪問記～／65

二　政治編

盜亦有道・詩書不載
～盜跖訪問記～／95
自古帝王多流氓・從來英雄出無賴
～劉邦訪問記～／108
美人・名駒・英雄
～項羽訪問記～／133

飛鳥盡良弓藏・狡兔死走狗烹／163
～韓信訪問記～
唐朝豪放女・一代女皇帝／188
～武則天訪問記～

三、詩人編

過端午・划龍舟／213
～屈原訪問記～
黨爭、政爭的犧牲者／223
～蘇東坡訪問記～
閨閣才女・坎坷一生／246
～李清照訪問記～

詩書畫三絕．氣意趣三真／263
～鄭板橋訪問記～
詩人．情人．中國的拜倫／280
～徐志摩訪問記～
跋㈠太陽何以不說話／韓德怡／303
跋㈡我的另一半／劉玲玲／308

粉筆擦和聽診器——代序

*韓德生

大約是在「九二一」吧！大地震後的分區停電，讓許多人回味了「日出而作，日入而息」的樸實生活，也讓外科病房的值班工作增加了許多負擔：骨折、腔室症候羣、橫紋肌溶解症……。一天，在白天跟完刀之後，雖然有些累，但心情還挺輕鬆，晚上，我推著換藥車，來到傅伯伯的牀前。

「傅伯伯，我幫您換藥！」這是位大腸癌A期作完結腸切除的七十歲老教授，滿頭白髮，手術後恢復不錯，但有些虛弱。

「韓醫師，這麼晚還在忙啊！」一口字正腔圓的招呼，由一旁的陪病牀傳出，那是位看似四十多歲的中年婦人，氣質雍容，體態婀娜，衣著得體，像是絲緞般的材料，頗和頭等病房的場景相符。

「是啊，今天值班，我來看看傷口。」心想，傅伯伯教育成功，子女

孝順，女兒或是媳婦還能隨伺在側，在看護工氾濫的現今社會，已不太常見了。

「謝謝您的照顧，我先生的氣色比起剛開完刀時要好多了！」原來是對老夫少妻，不過，真正令我驚訝的還不止於此，在一陣寒暄之後……

「韓醫師，您父親是不是老師啊？」傅太太如是問道。

「看得出來嗎？」難不成我看起來有書香門第的氣質，心中暗自竊喜。

「令尊是不是補習班名嘴，還在大學裡兼人文科門的教授？」她微笑著繼續問下去。

「妳怎麼知道？」哇，這更奇了，莫非我臉上寫著家世背景，或是已被身家調查一番了，還是……，我眼前這位即是當今世上的「女諸葛」？

「您父親是韓廷一教授嗎？」傅太太有些怕冒犯卻又頗具自信的說著。

我說不出話了，是「韓爸」（我們父子間的暱稱）推薦的病人嗎？不可能，身為小醫師的我，怎麼可能收病人？還是身分證掉了，剛好被家屬撿到想到這裡，趕緊摸摸皮夾——還在。她似乎看透我的不安和狐疑，繼續說道：

「不瞞您說，令尊是我讀初中時的老師，看到您舉手投足，乃至說話的神韻，都讓我想起韓老師，他總是強調苦學，要我們背字典、讀古文，不要三分鐘熱度，更不要一曝十寒，君子立恆志，小人恆立志，只有持之以恆，才……」後面說什麼我不太聽得到了，因為這震撼像是九二一，震得我瞠目結舌，說不出話來了。醫學文獻強調遺傳環境對於健康的影響至鉅，早已是老生常談，不足為奇了，但像傅太太能跨越時空（少說也有三十五年），將一對父子配對，這當中的相似度和敏銳度就不得不讓人驚訝了。

那一晚，是個平安夜，除了一兩位失眠的病人，沒有什麼事要處理，本該有一夜好眠，但我卻失眠了，聽著韓爸背詩誦古文，論人類文明及老莊哲學，乃至大談自然養生，反醫情節；再看著自己浸淫於科學，醉心於實驗，投身醫護，治療病人，很難想像這樣的兩個極端人，會被一個旁觀的第三者，視做極為相似的個體。

韓爸的教育，在民主中隱含專制。他總是將家庭會議當成上課，藉機闡述他的人生價值；在開放中隱含保守：他那把心中的尺總是漸進成為我

們度量事物的準繩；他鼓勵我們嘗試新事物，但又有一些不成文的規範：要參加公職考試，避免風險過高的工作類型；他表面「太陽不說話，卻作育萬物」，暗地裡夜夜和韓媽討論孩子的學業、就業、婚姻及未來的問題。看似矛盾，但這可能正是教育最重要的原則：「有點黏又不會太黏」。至少，可由他的實驗成果：三兒一女都具備他的部分特性，但又各有發展、各有特質而得知；從生態永續的發展來看，他算是適應度（fitness）最佳的個體，說他是成功的教育家應該不為過。

生小孩累，養小孩更累；養小孩難，教小孩更難。哪個父親不是當了父親才開始學做父親的？看著行堯、行禹繼續成長，我常捫心自問：我有沒有少給了什麼？少教了什麼？我也常常自審，人生的意義何在？很幸運的，我有個模範在前面，給我最佳的參考與指引，或許將來會出現小韓德生一號、小韓德生二號，不過我確信他們更清楚韓行堯韓行禹該扮演的角色。

本著「立德立功立言」三不朽的目標前進，韓爸又出書了，或許他的學生會因為多一篇讀後心得報告而煩惱，不過相信讀者們會有所收穫的。雖然他早已從公職退休，但身為人師的角色卻從來沒有間斷過。我還沒有著作可以獻給他，就以這篇短文，預祝第四本著作的成功，及第五本著作的早日誕生。

＊本文作者為韓家長子，現任職臺大醫院住院醫師。

＊＊行堯、行禹乃本文作者的兩個兒子。

先賢編

與孔子談政黨政治

～黨主席訪問記～

自從政府開放黨禁以來，您知道現今台閩地區，向內政部登記備案的「合法」政黨有多少個？總計有八十四個！這是全世界政黨密度最高的國家——堪稱「台灣奇蹟」之一；但其中曾參與選舉並獲得公職的政黨，卻寥寥無幾。除了三大政黨：中國國民黨、民主進步黨與新黨；建國黨和綠黨也曾在地方選舉中贏得一、二席公職外，其餘政黨在全國性的選舉中仍然摸不著邊。原隸屬於中華社民黨的朱高正先生，雖曾當選過立法委員，但在一九九四年省、市長選舉中，社民黨合併於新黨，於是社民黨也像泡沫一樣的消失了。至於其餘的政黨，大部分均是黨主席兼祕書長、總幹事兼司機，多種職位印在一張名片上，著實扮演著「校長兼槓鐘」的角色。據說他們在選舉時，通常並不參加任何的提名參選活動，他們可以替企業家開立假的捐款收據，以利逃漏稅；他們申請成立白牌遊覽車公司，做野雞班車旅運生意，政府也拿他沒辦法！因為理論上「一人黨」的小黨黨主席與兩、三百萬黨員的大黨黨主席，其地位是相當的。你可以包山包海，我當然可以包逃包漏；至於弄部遊覽車跑跑高速公路，比起「陽×海運」跑國際航線還是小巫見大巫呢。現在讓我們跟孔老夫子談談政黨政治。

羣而不黨、周而不比的「儒黨」

記：孔丘先生！好久不見。近日可好！

孔：我欲寡其過而未能也。

記：您太客氣了，您被尊爲聖人，是人格最完美的人，何來「過」呢！說真的，今天難得見面，還請指教一、二。

孔：你說呢！

記：最近正逢「在野黨大聯盟」與執政黨大對決之時，讓我們談談「政黨政治」可好！

孔：政黨政治？那你可真是找錯了對象。

記：怎麼會？聖人應該是無所不通，無所不曉的吧！

孔：嘿！這你有所不知，我生平最痛恨「勾黨結派」。一再强調「羣而不黨」與「周而不比」。一部中國兩千年史，盡是一伙狐羣狗黨。諸如：牛李兩黨，新黨、舊黨、東林黨……，都是上下其手，危害社稷。

記：倉頡先生大概有先見之明，所以把「尚」「黑」兩字組合成「黨」字。

孔：意即一羣黑心者以及黑道人士所組成的利益團體，即為黨。

記：可見中國人對「黨」字的印象，簡直惡劣到了極點。

孔：更有人說：「黨」字是一羣小人（小），上了台面（冖）口是心非（口）的幹出一些喪天害理、昏天黑地（黑）的勾當。

記：這麼說來，不但政治可怕，結黨更是可怕。

孔：所以我一向反對結黨營私。

記：但西洋人卻不這麼想！

孔：他們怎麼想？

記：英人柏克認為政黨（party）為一羣人，聯合所組成的團體，同

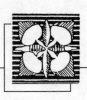

意在某一特定主義下，共同努力，以促進國家利益社會安定。

孔：社會安定？有沒有搞錯啊？每天搞政爭，社會從此不再安定，不再安靜才對！

記：小小的不安定，不安靜，可以促進永恆的安定，從此停止了流血鬥爭，武裝鬥爭；尤其「政黨輪替」政權和平轉移更可促進政治的革新。

孔：基本上「換人做做看」，只是一種心理上的「新鮮感」得到滿足而已，實質上毫無意義！

記：何以見得？

孔：因爲「權力使人腐化，絕對的權力使人絕對的腐化」。

記：怎麼會？

孔：所謂的「政權和平轉移」，充其量只是社會資源、國家利益重新分配而已。從一羣人的手中，轉交到另一羣人的手中而已。

記：其結果呢？

孔：以暴易暴，百分之九十九以上的老百姓，普羅大衆，仍然處於社會底層，永世不得翻身的被宰制著。

記：選前的競選諾言都到那裡去了？

孔：不論所謂的「三三三年金」，「三不政見」，通通一股腦兒的丟到九霄雲外。

記：我只聽過畫餅充飢的「三要政見」，怎麼還有消極的「三不政見」。

孔：您真是個犯了「不可救藥健忘症」的可愛選民；「不建水庫」，「不建核電」，「不進行白色恐怖」，「不壟斷媒體」，「不……」；好多的「不」，現在勢必都「要」了。

記：政黨政治竟然這麼污濁，這麼不成熟，您何不也「運作」一下，也來個「清流共治」力挽狂瀾一番。

孔：我？我都没有政黨背景，如何參政。

儒黨的黨綱、黨章

記：您以及您的學生，所形成的「儒黨」，不就是中國歷史上唯一的、最古老的、最龐大的政黨？

孔：有這碼子事？

記：請問您爲什麼一直倡導格物、致知、誠意、正心、修身、齊家、治國、平天下這八個德目？

孔：格、致、誠、正、修、齊、治、平是儒家一貫的政治哲學。

記：其目的在促進國家利益，這是儒黨的目標。

孔：組黨必定標榜主義。我既不信仰三民主義，也不是資本主義，當然更不是共產主義。

記：您的主義是「大同主義」，《禮記·禮運篇》的〈大同章〉是貴黨的政治理想。

孔：政黨除了有主義外，還必須有政綱。

記：政綱就是政治綱領，乃是實現政治理想所提出的原則。

孔：儒家又有什麼政綱？

記：儒黨三政綱是：

㈠在明明德——近程政綱，在於獨善其身。

㈡在親（新）民——中程政綱，在於推己及人。

㈢在止於至善——遠程政綱，在於兼善天下。

孔：政黨還必須有政策。

記：政策又稱行動路線。乃是對政治現實問題所提出一套循序漸進的具體方案。

孔：儒家從未執政，何來政策？

記：儒家的政策為：格物、致知、誠意、正心、修身、齊家、治國、平天下；有本有末，有終有始，從己身做起，由內而外，推而至於家庭、國家、世界。

孔：政黨之內在必備條件，還有黨紀與黨德。

記：黨紀與黨德乃一體之兩面。

孔：黨紀是外鑠的，黨德是內發的。

記：儒黨的黨紀是仁、義；黨德是忠、恕。

孔：政黨還必須有黨魁。

記：您就是儒黨的主席囉！孟軻先生則是副主席。

孔：這還差不多。還有黨員呢？黨員是構成政黨的最基本要素，我連一個黨員都沒有，如何成為政黨。

儒黨的黨員羣

記：儒黨的黨員是「士」。

孔：這士是怎麼來的。

記：他不同於一般政黨，一般政黨的黨員是用招募來的；而儒黨的黨員——士，是以嚴格的考試制度吸收而來的。

孔：考些什麼內容？

記：《領袖言行》、《台灣的主張》、孔孟言行（四書五經）爲統一教材。

孔：這麼說來我的黨員分子是最優秀的囉！

記：貴黨黨員的吸收與考核絕對公正、公開而公平，所謂十年寒窗無人問，一舉成名天下聞。

孔：何以見得！

記：貴黨黨員還分三種層次。

孔：哪三種！

記：「秀才」是基層黨員，從各縣考得；「舉人」是中級黨員，從各省選拔；「進士」是高階黨員，從全國擢拔的。

孔：這三種黨員，其工作任務又是如何分配的。

記：基層黨員「秀才」專門從事「黨義」的文宣工作，教「童生」，以栽培儒黨所需的預備黨員——有如當年救國團的團員一般。

孔：那中級黨員「舉人」是幹啥的？

記：他是儒黨組訓工作者，從事地方志與儒林史的撰寫，充實黨義。

孔：這高階黨員「進士」的工作又是什麼？

記：這在儒黨已是「從政同志」。他們有的被分發在地方上任縣長，他們包稅、包訟、包工程，集立法、司法、行政於一手，老百姓名之爲「父母官」，進入「牧民」工作者階段。

孔：還有別的所謂「從政同志」都到哪裡去了！

記：進翰林院參加國史與黨史的編寫與纂修。

孔：您的意思是我們黨史等同國史？

記：這有什麼稀奇？這是中國人的家常便飯。君不見一部中華民國史就是一部中國國民黨史；同樣的，一部中華人民共和國史就是一部中國共產黨史。所以黨歌也就是國歌，君不見「三民主義，吾黨所宗，以建民國……」。

孔：你把我和中國「刮」民黨與中國共「慘」黨等量齊論，對我實在是一個大大的侮辱。您的意思，我也是「黨庫」通「國庫」？

記：儒黨雖不見得卑鄙到黨庫通國庫，但是孔廟的建立與修繕，以及祭孔典禮的費用，還有對孔家後代的補助獎勵……，不可否認的均出自於各級政府的預算。

孔：可是我從未參加選舉活動從事政爭，角逐「神器」。

記：雖然儒黨不參與選舉，奪取政權，但您强調「學而優則仕」，卻積極鼓勵「個別從政」。

孔：我之所以被尊爲「無冕王」，表示我没有政治野心。

記：天曉得您有没有政治野心？孔門弟子所構成的政治專長，早已形成一個「影子内閣」，隨時可接班組閣，成爲一個「行動内閣」。

孔子的内閣羣

孔：此話從何說起？

記：令尹子西就跟楚昭王有過對話。

孔：什麼樣的對話。

記：「王之使使諸侯，有如子貢者乎？」

孔：什麼意思？

記：子貢是您的外交部長兼駐美大使。

孔：還有呢？

記：「王之輔相，有如顏回者乎？」

孔：那又怎樣？

記：顏淵是您的行政院祕書長。

孔：然後呢？

記：「王之將帥有如子路者乎？」

孔：子路是我的國防部長兼參謀總長。

記：「王之官尹有如宰予者乎？」

孔：那宰予鐵定是我的首都特別市市長。

記：還有居西河當教授，論學傳經的子夏，堪任教育部部長；力學稼圃的樊遲，可以擔任農業部部長；任勞任力的巫馬期，可以擔任勞工部部長；習禮嫻樂、絃歌不輟的子游，可以任文化部部長；「足不履影」、「啓蟄不殺」、「方長不折」、「居仁行恕」的高柴（字子羔），擔任司法部部長最爲恰當；「邦有道，危言危行；邦無道，危行孫言」謹言慎行的南容，足可擔任新聞局局長……。

孔：話雖是這麼說，但我的影子内閣，畢竟是備而不用，而且我從來不自詡爲「革命政黨」去推翻人家的政權——何況强顏苦笑老張還幹得好好的。

記：您雖然未曾强調「造反有理，革命無罪」，但歷代當政者必須恪遵您在《論語》——這是您的政黨白皮書——中記載的道統與教條，否則……。

孔：否則怎樣？

記：輕者有「士子」的諫諍——像方孝孺、顧炎武、黃宗羲之類的士子。諫諍、干政、廢立、征誅、殺伐逐步而行

孔：重者呢？

記：有伊霍的廢立與湯武的征誅，甚而……。

孔：甚而什麼？

記：有如曾國藩、胡林翼之殺伐洪秀全、楊秀清等。

孔：這下子我似乎不得不承認「儒黨」的存在，而且我是「天下第一

黨」的創立人與永遠的黨主席。

記：您得好好的教一教江澤民主席與李登輝主席，好好的促進國家利益與民族生存，中國刮民黨少「刮民以爭」！中國共慘黨少「殘民以逞」，陷中國於萬劫不復的地步。

孔：是，是！好，好！不過要是他們都不讀書怎麼辦？

記：看來我只好去找雞婆鬼柯林頓先生來干涉內政了！

——定稿於二〇〇〇・十一——

不識時務的俊傑

～孟子訪問記～

時當戰國之世，外則諸侯兼併，各逞其能，爭城以戰，殺人盈城，爭地以戰，殺人盈野；內則君臣較量，篡弒不斷。學術上則百卉齊放，百家爭鳴，新的知識分子，從封建社會的底層脫穎而出，他們擔負起新的責任，新的使命。有法家者，獻其變法圖強之計，有如現代軍國主義者，張法紀、闢土地、增人口、充府庫；有縱橫家者，獻其權謀之策，約縱連橫，遠交近攻，以達稱霸封侯之的；有雜家者，以貴公、貴信、去私、知士、順民（民之所欲，長在我心）、審時、知分……為號召，以達兵強民順，善戰之謀；他如楊朱、宋牼、許行、公孫、惠施等人，又各執一詞，各自譁眾取寵，風騷一時……。

只有我們這位可敬、可愛的孟軻老夫子，他仍然固執己見，堅持說仁道義，販禮售義的老本行。遊說諸侯，經宋、薛、滕、魯、梁、齊諸國，他見過梁襄王還罵人家：「望之不似人君，就之而不見所畏」；見過齊宣王還做他的客卿，竟然挖苦他只能「獨樂樂」不能「眾樂樂」。他「後車數十乘，從者數百人，傳食於諸侯」，其聲勢之浩大，生活之闊綽，比起他的師祖孔老夫子，可得意多了；不過由於他素愛罵人，把諸侯王爺得罪光了，雖挨門逐戶的「推銷」他的「周孔之業，先王之道」，其結果是「轍環天下，卒老於行」，奔走到老死，也沒有人用他。

記者千里迢迢的追蹤，才找到落魄半生的孟子，讓他一訴委屈。

忝為親密戰友，與孔子同光

記：孟老夫子，孟老夫子，請歇一歇腳，接受專題訪問如何？

孟：我已經「衰」得徹底，您還來攪和，我可沒時間跟您磨菇。

記：您真是食古不化，現在已是個「傳媒暴發」的時代。您的學說，不通過傳播媒體的宣傳，就算您跑斷腿也沒有用。

孟：Really？

記：我騙您的話，我會夭壽。

孟：好罷！姑且信你一次，反正死馬當活馬醫，對我也沒有什麼損害。

記：首先請教您的尊姓大名，何許人氏？

孟：我姓孟，名軻，字子輿，鄒國人。

記：人說孔孟、孔孟，您跟孔老夫子有什麼特殊關係？爲何你們像焦不離孟，孟不離焦，成爲「雙胞胎」似的？

孟：他是我的師祖。

記：怎麼會？

孟：我的太老師是子思，而子思是孔老夫子的孫子……。

記：還有呢？

孟：我們同是魯國人。

記：根據資料顯示您明明是鄒國人，怎麼會扯上魯國？

孟：我本是魯國孟孫氏的後代，先祖後來從魯國遷居到鄒國，於是我就成了鄒國人。

記：嗯，鄒國位於今山東省鄒省東南，和魯國都城曲阜很近。

孟：我不蓋你吧！我們還是小同鄉呢！

記：您們是師生關係，同鄉關係。

孟：我們在工作上是同志，是親密戰友……。

記：太誇張了罷，人說孟老夫子好「碰風」，看來一點都不假。

孟：誰說我「碰風」？就「儒黨」而言，孔老夫子是黨主席，我是副主席；就「儒教」而言，孔老夫子是教主，我是副教主，這可不是「蓋」您的。

記：說說您小時候的事情吧。

孟：家父很早就過世了，就靠我母親爲人織布維生……。

＊子思

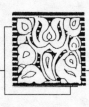

記：聽說您母親是位了不起的女性，所謂「三遷教子，斷機儆學」引為母教美談。

孟母三遷，良好家教

孟：我家原住在蟾蜍山下，面對市立第二殯儀館，山上是個墳場，擡棺材辦喪事，吹吹打打，整天擴音器傳出一鞠躬、……三鞠躬的，鬧熱滾滾。

記：小孩子閒著也是閒著，有樣學樣，也找幾塊磚頭砌起小墳墓，辦起喪事家家酒。

孟：我媽一看不對勁，趕快忍痛把房子賣掉，搬家！

記：搬到那兒？

孟：搬到萬大路底華中橋下……。

記：那兒的房子還不算很貴。

孟：鄰近一個果菜市場，旁邊還有家畜市場……。

記：您母親是為了買菜方便省事……。

孟：每天人來人往，全是些販夫走卒，清晨三、四點就吆五喝六的好不熱鬧。

記：您也學著拉開嗓門子，標魚貨、喊菜價的「學」以致用。

孟：我媽一看不對，又趕緊找房子搬家。

記：這下子搬到那裡？

孟：搬到植物園對面，緊鄰國語實小與建中，遠處還有科學館、教育藝術館與歷史博物館。

記：這下子您母親滿意了吧！附近進出的都是一些溫文儒雅、四眼田雞之士，小孩子在耳濡目染之餘，也會彬彬有禮。

孟：可是有一陣子我成天迷戀著植物園內的荷花池，那荷葉田田真有説不出的寧靜、美麗，還有我絕不錯過藝術館放映的每一部電影。

記：這真是個良好的居家環境。

孟：有一天下午，我蹺課去看電影，一回家母親一句話都沒説，拿起剪刀把織布機上的布匹攔腰截斷……。

記：幹嗎？她生氣了。

孟：母親並沒有大發脾氣，只心平氣和的告訴我説：「讀書求學，若無恆心與信心，就如同我織布一樣，若不能有始有終，那就好像這匹布半途而廢不能成爲大才，只能當手帕、抹布用。」

記：您被感動了！發奮讀書，成爲一名大學者，列名爲亞聖，與孔老夫子齊名。

孟：要是母親當時不管我，不曉得我會變得怎樣？

記：可能是名藝術家或者是電影大導演也說不一定！

孟：「噴鼓吹」搖身一變爲「龍兄虎弟」百萬主持人也是有可能的。

記：說的也是！

孟：有次鄰人在殺豬，我就問爲什麼要殺豬，母親隨口就說，殺豬給你吃豬肉！

記：您母親只是哄哄您而已。

孟：結果她那天晚上果真當了手飾買豬肉給我吃了。

記：由此可見您從小就在良好的教育環境下成長。

求學經過，周遊各國

記：說說您的求學經過吧！

孟：我受完啓蒙教育後就到魯國求學。

記：到魯國！您是個小留學生？

孟：那也不算什麼，離我家才五十里路。受教於子思的門人。

記：子思孔伋，那是孔子的孫子。

孟：也是曾子的學生。

記：這麼說來您是得了孔老夫子的真傳——最能繼承孔學的人。

孟：理論上孔老夫子之學分爲兩大派別，其一是子游、子夏、子有到荀子，注重形式義理，主性惡說；其次是曾子、子思、到我，以忠恕德性的內省工夫，主性善說。

記：您學成後，是歸國報效祖國？還是爲第三世界效力？

孟：我的祖國鄒國以及魯國都是芝麻綠豆般的小國家，就算給我當首相也「嘸三小路用」，所以我決定向國際發展。

記：第一站是那一個國家？

孟：由於我能說會道，名聲早就不脛而走，諸侯爭相迎聘。周顯王三十三年（西元前三三六年）魏惠王以「卑禮厚幣」爭得頭標，我乃應聘至大梁（今河南開封），成爲魏（即梁）的國是顧問。

韓趙魏三國形勢圖

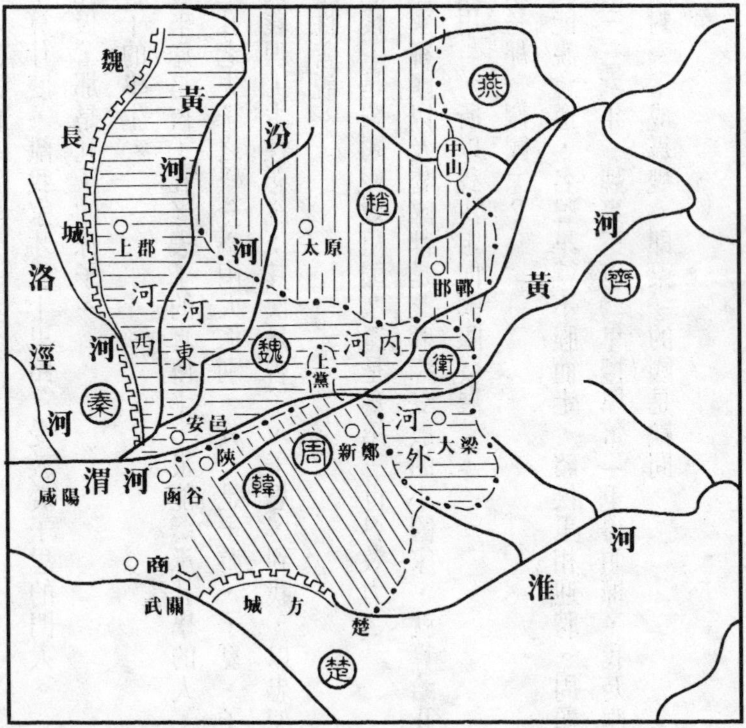

魏
長
城
黃
河
汾
河
燕
中山
趙
上郡
太原
邯鄲
河
洛
河西
河東
河內
衛
黃
齊
涇
河
魏
上黨
秦
河
安邑
新鄭
河外
大梁
周
陝
渭河
函谷
咸陽
韓
河
商
淮
武關
城
方
楚
楚

見惠王，說仁義

記：惠王爲什麼肯出最高價碼聘請您？

孟：話說周威烈王二十三年（西元前四〇三年），韓、趙、魏三家分晉（此即所謂「三晉」），其中以魏居中，最大、最强；傳位至魏惠王，一直想完成「祖國統一大業」。

記：魏惠王認爲韓、趙乃晉國不可分割的神聖領土，要在他有生之年完成祖國統一大業。

孟：您怎麼知道得這麼清楚？

記：歷史永遠重演，國共兩黨瓜分神州，台灣不也是中國神聖不可分割的一部分？

孟：那現代的魏惠王有沒有信誓旦旦要在有生之年，完成統一大業……。

記：那還用得著說，用腳底板想就可知道了。對了，我們不談現代魏惠王，還是談您那時候的魏惠王。

孟：爲此，魏惠王不斷地對趙、韓兩國「文攻武嚇」。

記：那韓、趙二國甩不甩他？

孟：韓、趙二國在恐懼之餘積極擴充武備，並與鄰國楚、魯、秦結軍事同盟，參加TDM防禦計畫，形成楚、齊、秦三國「夾擊論」。

記：這下魏惠王可火大了。

孟：更誇張的是魏國的領土，中間被韓國突入的上黨區域所切斷分爲東西兩部，東部被黃河橫切分爲河內、河外兩區；西部被黃河縱割成河東、河西。

記：那韓、趙二國有沒有以「四塊論」來分裂魏國？

孟：怎麼會沒有？

記：斯可忍孰不可忍也。

孟：魏惠王一不做二不休，終於決定以武力進犯韓、趙，企圖一舉完成統一大業。

記：結果呢？

孟：周顯王十五年魏惠王率軍攻趙，拿下趙都邯鄲。

記：滅掉趙國了？

孟：南方的楚國出兵救趙，大敗魏兵，取睢水、濊水之間土地，這就是惠王所說的「南辱於楚」。

記：這是惠王自取其辱，偷雞不著蝕把米。

孟：十三年後惠王又率兵攻韓，東鄰的齊國出兵救韓，戰於馬陵，魏軍大敗，大將龐涓、太子申均被殺，這就是「東敗於齊，長子死焉！」的史實。

記：這下才真是賠了太子又折將，划不來！

孟：福無雙至，禍不單行，這時西邊的秦國，用商鞅爲相屢次侵犯魏國西界，不得已又獻河西之地於秦（西喪地於秦七百里）。

記：這下只好從安邑（今山西安邑）遷都到大梁，所以您稱魏惠王爲梁惠王就是這個道理。

孟：梁惠王連吃三次敗仗，喪師辱國，割地賠款之餘，深覺奇恥大辱，很想得賢臣如商鞅、吳起之流，企圖雪恥復國。

記：所以他才重金禮聘您！以爲您有商鞅、吳起之才？

孟：我一見梁惠王，梁惠王劈頭就問我：「叟不遠千里而來，亦將有以利吾國乎？」

記：您當然要貢獻一些戰略、戰術，富國强兵之道了！

孟：我告訴他：「王何必曰利，唯有仁義而已！」

記：怎麼說？

孟：韓、趙、魏本是一家，若能善政愛民，以仁義相待，團結一致，那麼齊、楚無由尋釁，秦亦不敢來侵，漸漸成爲强國，所向無敵。

記：這遠水也救不了近火啊！

孟：政治本就是循序漸進，絕不可操之過急。

記：這叫急驚風碰到慢郎中，所以您只好告辭，聽說您一出門就吐梁惠王的槽，大罵他奪其民時，凍餓父母，離散兄弟妻子。

孟：梁惠王太没出息了，把戰爭當兒戲，國土寧喪於外寇，也不給予家奴。

記：也希望現代的韓烈侯、趙敬侯能記取歷史教訓，權利寧喪於美、日、菲、泰、越，不願給大陸祖國。

見齊王，任資政

記：您離開了魏國之後呢？

孟：應齊宣王之約，到了齊國，任客卿（相當於現今總統府資政）。

記：是有給的？還是無給的？

孟：鑒於上次在魏國的不愉快，我決定「受仕名而不受實祿」。

記：有薪俸可拿爲什麼不拿？

孟：若道不行，即去，故而不受其祿。

記：當時齊國國勢如何？

孟：宣王承其父齊威王餘烈，力圖霸業，先後救韓、破魏、威服三晉，進而推行文教，形成稷下（齊都臨淄西門外）講學之風，盛極一時。

記：這樣已經夠好了，他還想怎樣？

孟：他想造就齊桓公與晉文公之霸業。我教他內則施行仁政，保民教民，與民同樂；外則敦親睦鄰，施行王道政策。

記：他對仁義之政有沒有興趣？

孟：他倒是很聽我的話，凡事都肯向我請教，我也發動學界「力挺」之；尤其燕國內亂，興兵伐燕，既勝之後意欲併吞燕國。

記：您主張併吞還是不併吞？

孟：我告訴宣王：「取之而燕民悅則取之；取之而燕民不悅，則勿取……」。

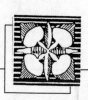

記：那不是廢話一句，講了等於沒講。

孟：宣王意在必取，不意既取之後，燕人起而叛之，引起諸侯出兵干涉。

記：那怎麼辦？

孟：我叫宣王下令還其俘虜，歸其重器，立君安民而歸，才免去一場血腥大戰。

記：可是您後來爲什麼又離開齊國？

孟：宣王的近臣陳賈等人，阿諛奉迎，陷君於不義，我看已無希望推行仁政，不如歸去！

記：後來您又到了那些國家？

孟：到過宋、薛、滕……等國。

記：有沒有謀得一官半職，推行您的治國理念。

孟：滕文公倒是很有心，曾請教我問喪之禮、治國之道、與井田之法；但介於齊楚兩大强國之間，有如處於狼虎之間，外交擺不平，欲振乏力。至於宋國和薛國，倒是對我很尊敬，對我送金、送車……禮數很周到，但沒有接受我的「治國白皮書」。

記：既然不用您，爲什麼還送錢給您？

孟：怕我罵他們「望之不似人君，近之……」。

記：您比起您的師祖孔老夫子的境遇要好多了。他畏於匡，毀於叔孫，在陳、蔡、齊、魯、宋、衞之間饑寒交迫，栖栖皇皇有如喪家之犬。

孟：誰叫他不懂得保護自己。

開館授徒之餘，寫下《孟子》七篇

記：您辯才一級棒，有思想、有見解，但未遇明君，何以自處？

孟：達則兼善天下，窮則獨善其身。收了公孫丑、萬章等門人，開家教班謀生；課餘之暇還把課堂講義整理整理，出版了《孟子》七篇。

記：書暢不暢銷？

孟：經濟不景氣嘛！連選課的學生都不買。

記：豈不慘哉！您不會下達指令：不買書「死當」，買一本「敗部復活」，買二本「保證及格」，買三本……。

孟：不好意思嘛！後來多虧韓愈替我寫序大力推薦，更要感謝朱熹替我編入《四書集註》成爲聯考（科舉）必考科門。

記：原先不「暢」銷，後來卻「長」銷一千二百多年，賺了不少版稅吧！

孟：我一毛錢也沒拿到。

記：看來是被出版商「坑」了，您不依據「出版法」告他一狀！

孟：哎！有出版法也等於沒有，他願意替我出版，我已經偷笑了。

記：Take easy，順便介紹一下《孟子》七篇的思想，給時下青年體會一下，亦藉機促銷，促銷！

孟：第一，我提倡「民爲貴，社稷次之，君爲輕」，「聞誅一夫紂矣，未聞弒君也。」

記：嗯！人民最重要，政府次之，君王最後，這是民主思想；國王必要時也可以被殺的，這是「造反有理，革命無罪」。

孟：第二，我主張人性本善。

記：是嗎？那爲什麼有這麼多人作奸犯科，至死不悟呢？

孟：人性的「性」字，從生從心，「生」是指血氣之性；「心」是指心知之性。

記：我不懂！

孟：我所謂的性善，是指人性中皆有善根——心知之性。

記：這善根是何？

孟：惻隱之心（仁），羞惡之心（義），辭讓之心（禮），是非之心（智）乃與生俱來，先天的。

記：那血氣之性呢？

孟：乃後天受了自私、憤怒、憂心、貪婪……而火從心中起，惡向膽邊生。

記：我懂了！

孟：還有我是第一個主張「生態保育」觀念的人……。

記：這是人類二十一世紀的新課題，怎麼會是您提倡的？您有沒有搞錯啊？

孟：不違農時，穀不可勝食也；數罟不入洿池，魚鱉不可勝食也；斧斤以時入山林，林木不可勝用也……。

記：啊！真的，您還是個民生主義的提倡者耶！

孟：你們現在後悔也來不及了，每天只好吃合成食物，用合成板，總有一天連「魩仔魚」都没得吃了。自取滅亡的後代子孫啊！

記：♯@★！

有用之用，是無用；無用之用，乃大用

～莊子訪問記～

莊子名周，字子修，戰國時代宋國蒙（今河南省商丘）人。商丘位當河南、山東、江蘇、安徽四省交界，地處南北交通孔道，山明水秀，人文薈萃。利之所在，弊亦隨之而來。宋小國也，夾在魏、楚、齊三強之中，自古即為兵家必爭之地。此來彼往，起起落落、生生死死、興亡盛衰，年復一年，交替循環著，永不止息。

就在這個大時代中，本文的主人公應運而生。他看透生死，他樂天安命，他鄙棄世俗，他無視於「鬼神」的威權。什麼國家？什麼聖賢？榮耀、富貴、權利、義務……他都視如糞土，他逍遙自在，率性而為，與天地萬物合而為一。記者透過特殊管道，一訪莊子，暢談他的人生哲學。

他想玄思虛，企圖置身於塵世之外，欲與造物同遊，因而有

〈逍遙遊〉；他嫉憤人世間善惡不分，苦樂不平，因而有〈齊物論〉；他窮苦出身，食不裹腹、衣不蔽體，怨也無用，嘆也枉然，深悟「有用之用是無用，無用之用乃大用」，只有順其自然，自得其樂，因而作〈養生論〉與〈人間世〉；他有感於生活之無奈，生命之無常，只求內心之自在，德業之永恆，因而有〈德充符〉與〈大宗師〉之作。

✷莊子

非魚，卻知魚的快樂

記：嗨！莊周先生，好久不見，您這一向可好？

莊：我和惠施剛從野柳回來，不歡而散。

記：怎麼回事？

莊：我們約好早上一起去「海洋博物館」看海豚表演。我看那海豚面帶微笑，優哉游哉地表演著，我情不自禁地喊出：「你看那魚兒，多麼愉快啊！」

記：至少表面上看來是的。

莊：結果，「我的朋友」槓子頭惠施說：「你又不是魚兒，怎麼知道魚兒快樂？」

記：對啊！

莊：同樣的！你又不是我，怎麼曉得我不知道魚兒的快樂？

記：說的也是！

莊：惠施辯說：「因爲我不是你，我承認不知道你；同樣的，因爲你不是魚，所以你應該也不知道魚是否快樂才對！」

記：什麼你知道，我知道的，我都被你們兩人搞糊塗了。

莊：其實，當惠施說：「你怎麼知道魚兒是快樂？」的時候，已經表示知道我的意思？那麼，我當然知道魚兒是快樂的。

記：這是「經驗法則」！

莊：記者先生，您評評理看，我們兩人到底誰對？誰錯？

記：你們倆誰都對？也誰都錯？

莊：您這也未免太阿Q了！簡直是非不明嘛！

記：基本上您們兩人是「道不同不相爲謀」，所以才整天擡槓不休。

莊：怎麼說？

記：您是個「觀念論」（Idealism）者。以世界爲吾人心靈之反映，有藝術家、哲學家之傾向；換句話說，認爲整個世界乃依吾人之主觀而存在。

莊：那惠施呢？

記：他是個「實在論」（Realism）者。以世界爲客觀的獨立存在之事實，有政治家、社會家之傾向；換句話說，認爲整個世界與吾人主觀認識無關。

莊：原來如此！我真的錯怪了他！

記：怎麼回事？

莊：老朋友惠施在梁國當宰相，我跑去看他，結果他嚇得要死。派人在全國上下搜索了三天三夜。最後派人盯哨。

記：幹嘛他這麼嚴陣以待？

莊：事後才知道他怕我篡他的相位。

記：其實呢？

莊：我看那相位比死臭老鼠肉都不如，避之唯恐不及。

記：Really！

寧做活鼈‧不做神龜

莊：我常在濮水邊釣魚。

記：聽說釣多了，您還會放回河中？

莊：對！夠吃就行了。

記：您不會留著明天吃啊！

莊：明天的事明天再說吧！我從來不想明天的事。

記：爲什麼？

莊：因爲明天是個未知數。是否活著還不知道咧！

記：在濮水釣魚，該不至於下水與魚同游罷！

莊：有一天楚威王派了兩位大臣，說威王有意請我當宰相。

記：您去了？

莊：我隨手指了一隻正在泥沼中爬行的烏龜說：「假如你是一隻烏龜的話，你願意被砍頭、抽筋、剝皮、剔肉，然後再燒烤，成爲一隻能決定別人吉、凶、休、咎的神龜？還是願意拖著尾巴在泥濘中自由自在地爬？」

記：這隻神龜也未免太離譜了，連自己都生死未卜，還要卜別人的吉凶。

莊：他們兩人聽了以後，自討沒趣地跑回去了。

記：像您這樣，每天釣魚、觀魚，不務正業，也不求官出仕，您的生活一定不會好過到哪裡？

莊：有一次我家斷炊好幾天，只好到監河侯處借米。

記：監河侯是很肥的職缺，他一定很爽快地答應借米給你。

莊：他竟然跟我說：「等我收完年租，到時我會借給你一百兩黃金，您該夠了罷！」

記：那遠水怎麼救得了近火呢？

莊：這好比大路上車轍中，有條鯽魚正喁喁開闔，希望得到升斗之水，賴以活命；我卻告訴他，等我旅行到南方魚米之鄉吳越等地，稟告國王，教他們挖條運河導引西江之水，來迎接你，如何？

記：那您還不如早一點到鹹魚市場找牠算了；同樣的是推託之詞，毫無意義。

莊：有次我穿著一件一補再補的粗布大衣，腳下趿著一雙前面開口，後跟露踵，用麻繩綁著鞋面的鞋子，去見魏王。魏王劈頭就問我：「先生怎麼這麼疲憊啊！」

記：這款「前門賣生薑，後門賣雞蛋」的「涼鞋」現在很流行噢！原來是您發明的？

莊：我告訴魏王說：「我是貧窮而非疲憊。」

記：兩者又有什麼不同？

莊：前者衣弊履穿，人窮志不窮；後者遭時不遇，道德不行，才是人窮志疲。

記：而且賢德才智之士之窮疲，乃昏君亂象之恥辱。

朋友只是吹牛的對象

莊：我有個朋友叫曹商。

記：他很有錢嗎？

莊：您怎麼知道？

記：您無視於物質生活的追逐，只求精神生活之富裕。而您的朋友像惠施身任梁國宰相；宋國的太宰蕩（名盈）也是您的好友；還有住在東門口的東郭子，也是個有頭有臉的人……。

莊：有一次宋國派曹商出使秦國。出發的時候，宋王給他的只是幾輛車子，回來時帶了秦王賞給他的百輛車子。

記：他回國後，向您示威？

莊：曹商對我說：「一簞食、一瓢飲，住在陋巷，窮得織草鞋度日，餓得臉黃肌瘦，脖子枯槁。這！我可辦不到，但是見了萬乘之國的國君，使他一高興，贈予百輛兵車，這可是我的專長啊！」

記：這人比人，豈不氣死人！

莊：我聽了以後，立刻彈了回去：「我聽說秦王得了惡臭的痔瘡，於是對外宣布：凡能替他擠破痔瘡引血出膿，就可得到一輛兵車，若能用舌頭舔他的痔瘡，吸出膿皰，就可得到五輛兵車。你竟然能得到百輛兵車，可見不知爲秦王做了什麼樣見不得人的骯髒事。」

記：朋友嘛！本來就是個吹牛的對象而已，而您偏偏要觸人霉頭，掃人家的興！

莊：我始終認爲「朋友只是個屁！」當他得意時，三不五時就到你面前來吹牛；當你窮困時，他就像躲「腸病毒」一樣地，唯恐避之不及；當你已斷炊三天，向他借米貸粟時，他會說等明年收租時，可以借你一萬擔的風涼話。

記：人與人之間，本來就是彼此彼此，難得糊塗一番；而您卻如此認真，難怪您一個朋友都沒有！

莊：你對朋友可是犯了健忘症！我可是頭腦清楚得很。

記：總之，您太聰明了；我可是「難得糊塗」！

莊：我們不談這些惱人的「友誼不友誼」好嗎！

無視生死．鼓盆而歌

記：談談您的婚姻如何？聽說您的婚姻生活非常地不美滿！

莊：誰告訴您的？

記：要不然您的太太一死，您便蹲在大廳裡，敲著臉盆而高歌？人家爲您生兒育女，没有功勞也有苦勞；半輩子跟著您吃苦受罪，就算没有苦勞也有疲勞，您不痛哭流涕也罷，怎麼還忍心打鼓作樂呢！

莊：內人剛死時，我的確有一陣悲哀襲上心頭，可是繼而一想，人生到底有什麼樂趣，「生」時做牛、做馬苦一輩子，「老」「病」更是痛苦不堪，只有「死」時才得安息。

記：是永遠的安息嗎？

莊：也不見得，生、老、病、死有如春、夏、秋、冬四時之運行，既無可悲，亦不可喜。往往換個環境反而有點新鮮感。

記：會不會有時候死比生還好？

莊：其實死有什麼可怕的，死亡往往是個永恆之美，從此不必害怕無道帝王的管制，不必納稅，没有徭役；更不用憂慮四時風雨雷電，水火、澇旱、地震之災……。

記：生活在現代的人，似乎有著更多的煩惱：一會兒怕中共射導彈，一會兒又怕台幣貶值，股市一瀉千里；永遠還不完的房貸、信用卡帳單、紅白帖子、兒女債……，還有，車子被拖吊罰一千八，簡直比割肉還心疼。

莊：生是死的延續，而死更是生的開端。就我的觀點，無非「方生方死，方死方生」八個字而已。

記：這麼說來，您把生和死看做一回事，生即是死，死即是生！

莊：生與死只是一口氣之差而已。

記：怎麼說？

莊：人之生，氣之聚也；聚則爲生，散則爲死，死生相繼，又有什麼可怕啊！

記：那您死的時候，是否像孔丘那樣，要求慎終追遠，葬之厚，祭之豐。

莊：不必了！我以天地爲棺槨，以日月爲連璧，以星辰爲珠璣，以萬物爲齋送。上述四大陪葬，已夠我死後哀榮，我還敢要求什麼？

記：沒有棺槨，露天的屍體讓烏鴉吃了怎麼辦？

莊：埋在棺材裡，最後還不是給蟲蝕蟻蛀的，你又何必把我的屍體從烏鴉嘴裡搶來送給蟲蟻呢！取此予彼，豈不太不公平了。

記：中國是個農耕民族，標準的土裡來！土裡去！所以實施土葬；英國人海洋民族實行海葬；印地安人與西藏人他們是狩獵民族實施天葬；印度人水裡來火裡去，所以他們實施火葬與水葬（把屍體丟進恆河、印度河中）。

莊：因此我的「死法」也沒什麼好大驚小怪的。

記：新加坡資政李光耀先生，他在生前已簽好「器官捐贈卡」，死時在捐完有用器官後準備蹲踞裸葬在公園內，上面再種一棵樹作紀念——這叫「樹葬」！

莊：記者先生您將來希望什麼死法？

記：應「觀衆的要求」，我將來老到不能行走時，準備買張船票，找個雲淡風輕、水波不興的夜晚，脫去衣裳跳海。

莊：幹嘛這麼悲觀？

記：我這輩子最喜歡吃魚，一生吃了不知多少魚兒，無以報答，最後只好捐軀報魚恩了。

有用之用，是無用；無用之用，乃大用

記：孔子說：「邦有道，貧且賤焉，恥也……。」您這輩子都沒有通達過；看樣子，您是個「沒路用」的人。

莊：什麼叫有用？又什麼叫無用。

記：有人欣賞，得而出仕，飛黃騰達就是有用；沒有人欣賞，沒沒無聞，鬱卒一世，就是無用。

莊：齊國曲轅地方有棵大樺樹。這棵樹大到可以供幾千頭牛遮蔭，樹幹有百尺粗，樹身高過小山頭，樹枝粗到可以造船，但是木匠連看都不看一眼。

記：爲什麼？

莊：這是一棵「散木」樹，用它造船，船會沈；用它做棺木，一定快腐爛；用它造器具，很容易折毀；用它做門檻、屋柱，一定被蟲蛀蝕。

記：這麼說來，這是一棵沒用的樹。

莊：就是因爲沒有用，所以這樹才能長得這麼高大、這麼長壽。

記：這就是您所說的「無用之用乃大用」的道理。

莊：因此他成全了自己。

記：其他成材的樹反而全部被砍了！

莊：這就是「有用之用是無用」哲學。

記：就像我去成功嶺受訓時，連長在第一天報到時，就調查個人才藝。

莊：什麼叫「個人才藝」？

記：譬如說會寫作，懂得室內設計，會辯論，會畫壁報啦！

莊：您都會？

記：我填表時全打勾，我認爲這是我爲國報效的最大光榮！

莊：結果呢？

記：那十二週過著非人的生活：白天照樣出操，晚上別人已休息，我還在孤燈下趕壁報，寫海報，練演講，布置中山室……累得簡直像隻狗一樣。

莊：這您就不懂「無用」之最高效用。

記：後來服預備軍官役時，分發到營部；我跟營長說，我是個書呆子，除了會背書外，什麼都不會。

莊：結果呢？

記：營長得意地笑了，說：你看這個高考及格的、國立大學第一名畢業的高材生，什麼都不會，遠不如我這個陸官專修班的……。

莊：您也很得意地笑了！

記：我得意的是服兵役那一年是我一生最瀟灑的一年。

莊：怎麼個瀟灑法？

記：整天「結乎棰棰，呷乎肥肥，穿乎水水，等領薪水。」每天過得快樂的不得了。

莊：您已經很上「道」了，我願意收您作徒弟。

記：真的？那太好了！先喊您一聲老師再說。

莊：不過……。

記：不過怎樣？

莊：有時候您還得表現出很有用的樣子！

記：怎麼說？

莊：有一次我去登山，下山時在一個朋友家住宿過夜，朋友好高興叫傭人烤雁子招待我。傭人說，一隻雁子會叫，另一隻不會叫，要殺哪一隻。

記：當然殺那隻會叫的囉！吵死了。

莊：因爲那隻不會叫的，不能當警戒用，所以把牠殺了。

記：夫子在山上看到許多樹木，因爲成材而被砍伐；現在到了山下農莊，這隻雁子卻因爲沒有用而遭殺身之禍。我今後到底要表現有用？還是無用？

莊：那得看情形而定，有時表現出很有用的樣子，有時卻必須表現沒有用的樣子，以趨吉避凶。

記：廢話！您說這話等於沒說。

莊：……！

記：還有您鄙視名、利，無視於帝王、將、相。一生都在逃名、逃官，自鳴清高。

莊：我覺得名和利真是累贅。每天見一些不願見的人，做一些不願做的事；說一些不願說的話、開一些不想開的會……。

記：真的逃得了嗎？

莊：除了年輕時在一個漆園當過小小管理員外，從此終身未擔任任何公職。

記：您知道您被唐玄宗封爲「南華真人」，您的著作《莊子》叫《南華經》嗎？

莊：啊！累死我啦！我竟然變成御用哲學家了。

記：這是您始料未及的！

——二〇〇〇·四刊於《國文天地》一七九期——

成仁取義萬骨枯？

～方孝孺訪問記～

安徽鳳陽朱元璋，以一孤苦無依、魁梧戽斗的流浪兒，做過牧童、小和尚、行乞化緣，最後投效郭子興軍，身經百戰，歷時十六載，終於驅逐元虜，建元洪武，定都南京，國號大明，是為明太祖。

太祖自小父母雙亡，兄姊五人或死或離。人丁單薄，無輿無援，即位後卻大大地發揮了「創造宇宙繼起之生命」的本能，總計生下二十六個兒子。太祖又鑒於隋、唐君主大權旁落藩鎮，導致衰亡，又以宋代內重外輕，以致外侮紛至沓來，亦導致亡國。乃分封諸子，在「分封不錫土，列爵不臨民，食祿不治事」政策下以資預防。

太祖在位三十年，病歿，享年七十一。由於太子標早逝，遺詔傳位於太孫允炆。允炆即位，改元建文，是為惠帝，又稱建文帝。惠帝即位後，面對著強大的叔輩諸王，有尾大不掉之慮，乃有削藩之議，引起北平燕王朱棣起兵造反，號其師曰「靖難」，於建文四年攻下南京，建文帝失蹤，燕王即位，是為明成祖。

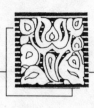

成祖即位，令方孝孺起草登基詔。孝孺披麻戴孝、嚎啕而出，拒絕草詔，強之再三，以滅九族脅迫之。方孝孺厲聲叱曰：「即使十族奈我何？」拾筆大書「燕賊篡位」四字。

所謂九族，從己身往上數：父、祖、曾祖、高祖；再從己身往下數：子、孫、曾孫、玄孫，總共九族。所謂十族，外加門下學生，連坐被殺者達八百七十三人，其他外親之發配充軍者高達千餘人，時稱「瓜蔓抄」是也。

六百年後的今天，記者難得機會一訪方孝孺正學先生，看他是否仍然一本初衷，無怨無悔的驚天地而泣鬼神。

孝順的孩子，正直的學者

記：正學先生，您好！

方：您怎麼認識我的？

記：我讀過您寫的〈戇窩記〉、〈鼻對〉、〈指喻〉……等等。很佩服您篤信正統思想，文章縱橫豪放，尤善於以寓言小品，將軍國大政娓娓道來。

方：是嗎？

記：可否先向親愛的衆多讀者問好，他們都熟讀過您的大作〈指喻〉一文。

方：我姓方，名孝孺，字希直，又字希古，浙江省寧海人。人們都叫我「正學先生」而不呼名。

記：您們家是從事何種行業？

方：書香門第、詩詞傳家。家父於洪武四年任濟寧知縣，洪武八年被謫戍江浦。

記：才做了四年縣官，就被炒魷魚，到底爲了什麼？

方：爲了空印發票案。

記：什麼，你們那時候就有「發票對獎」這玩意兒？稅捐處也每個月舉辦園遊會？有吃、有喝、有玩的；大家陶醉在「中華民國萬稅！稅稅平安！」中？

方：所謂「空印案」，即每年地方長官派遣人員到吏部繳交錢糧軍需；凡遠道地方，往往持著預先寫就的空印文書到部，查核無誤後蓋章。

記：這種由地方機關事先備妥的空白收據，彼此方便嘛；而且也減輕中央機關大批人力、物力，大家習以爲常也就算了。

方：但太祖事先不知曉，事後發覺，懷疑官吏勾結作弊，於是官吏論死者數百人、副手充軍者又數百人。

記：又製造冤獄事件。

方：我父及鄭士利等人上書爲諸吏申冤，才被杖責遠戍的。

記：您父親真是一個槓子頭，從不妥協。

方：義之所在，一無反顧。

父子兩暴君，伴君如伴虎

記：先後遇上二名暴君。

方：太祖的「暴」還不祇此，他生平最討厭貪官污吏，更怕臣下造反。

記：所謂的「空印案」、「郭桓案」是貪污案；所謂的「胡惟庸案」、「藍玉案」都是造反案。影響所及，被斬首、被抄家的往往上百人，有時達數千人之多。

方：更嚴重的是「文字獄」。

記：何謂文字獄？

方：太祖小時候做過乞兒、偷盜及和尚等事兒，生怕臣子挖苦諷刺他。

記：打個比方說罷。

方：有一年皇上萬聖……。

記：皇帝生日，這還了得，大小官吏爭相歌功頌德，馬屁一番。

方：像許元的「體乾法坤，藻飾太平」；徐一夔的「光天之下，天生聖人，爲世作則」……等肉麻句子全出籠了。

記：結果呢？大大的有賞？

方：剛好相反，有的被抄斬，有的被充軍。

記：爲什麼？

方：太祖疑心病重，說「法坤」即「髮髡」，諷刺太祖禿頭作僧人；「藻飾太平」與「早失太平」同音；「聖人」者「僧人」也；「作則」者「作賊」也。

記：那馬屁全都拍在馬腿上了！

方：這也足爲馬屁精者戒也。

記：太祖是不是有點心理變態？

方：豈只「有點」而已，而是「大大的」變態。文章中有「殊恩」兩字也要殺。

記：稱頌獲殊恩也不可以？

方：因爲「殊」是「歹朱」之意。

記：真是「伴君如伴虎」咧！

方：說的也是！在京服官的則更是戰戰兢兢。每入朝，必與妻子訣別，下朝安全歸來，則舉家歡慶，有如重生。

記：我國歷代都是「民不聊生」，明朝倒是「官不聊生」。

方：太祖出身寒微，對於官吏特別苛刻，反而對老百姓總是從寬施政，這倒是真的。

記：聽說您是翰林學士制誥（相當於丞相）宋濂的學生？

方：是的。

記：他也没辦法救令尊。

方：我原不認得宋濂，爲了營救我父，才上書丞相宋濂的。

記：有了這段文字緣後，才執師生之禮。

方：後來他辭官回金華隱居，我也至金華朝夕請益，前後達六年之久。

堅持道統，守真不二

記：可否簡單介紹一下你的中心思想與政治抱負？

方：我認爲天之立君，所以爲民，人君之職，乃在爲天養民；所以說人民乃君王的「頭家」。

記：實際上又如何呢？

方：後世的君王，只知人民的職責在乎奉上，而不知君之職責在於養民；因而從來不爲人民謀福利，反而不斷的苛求賦稅與力役，本末倒置。

記：那麼君王應如何盡其養民之天職？

方：第一，要增加生產，養民富民；第二，教育人民，使之知書達禮；第三，厲行法治，禁止人民作奸犯科。

記：您的中心思想在於……。

方：强調民族精神，首在嚴夷夏之防，特別標榜道統之爭。

記：何謂道統？

方：道在故統在，凡是不能維持道統的政權，就不配稱之爲正統。我把歷來朝代，分別定爲「正統」、「附統」與「變統」三類。

記：何謂正統？

方：以中國人治中國人，取位以正，又能克盡君職的，如三代之君，是爲「正統」。

記：又何謂附統？

方：得位雖正，亦有恤民之心，而未能善盡其職，如漢、唐、宋之君者，是爲「附統」。

記：那麼「變統」呢？

方：變統者，不合理之統治也。凡以篡奪得天下，其主不仁不義，或以夷狄而竊取中國者。

記：您認爲太祖驅逐韃虜、恢復中華，乃是一種「正統」的重建。

方：而且由太祖傳太子標，再傳太孫允炆，這也是一系相傳的正統。

記：所以您拒絕爲成祖草詔「登基詔」。

靖難之變，殃及池魚

方：燕王從北平舉兵南下，歷三年攻陷南京，「清君側」誅齊泰、黃子澄等，美其名曰：「效法周公輔成王之誅管蔡」。但「成王」何在？

記：他自焚而亡以致下落不明。

方：那也應該立「成王」之子。

記：國賴長君，惠帝之子年幼。

方：那也應該立惠帝之弟啊！

記：「父死子繼，兄終弟及」您認爲這是天經地義的法則。

方：那有叔叔搶姪子王位的事情？

記：所以您堅拒起草「登基詔」。

方：燕王還說：「此朕家事，先生不必過於勞苦！」

記：您可是爲了報答太祖、惠帝祖孫倆對您的知遇之恩？是太祖（洪武二十五年，一三九二年）任命您爲「漢中教授」，輔佐蜀王朱椿。

方：三十六歲那年我被派往蜀國，蟄居漢中，眼看韶光易逝、青春不再，大有「萬事悠悠白髮生……效忠無計歸無路，深媿淵明與孔明，百念蹉跎總未成，世途深恐誤平生；中宵擁被依墻坐，默默鄰雞報五更。」

記：您感歎報國有心，請纓無門之苦，連公雞都可日日早啼，而飽讀詩書，一心想匡時濟世之士，只能喁喁獨仰。

方：那是一段最鬱卒的歲月。

記：惠帝（建文朝）即位後，您被召爲翰林侍講，第二年升任侍講學士，隨侍左右，凡國家大事、臨朝奏事、執經向道，一概任之，是帝師亦帝友。

方：我不但爲惠帝披麻帶孝，匍匐號哭，拒絕草詔，而且還在白紙上秉筆大書「燕賊篡位」四字，力透紙背。

殉君殉道，一肩任之

記：您是一心一意要「殉君」。

方：我宋明理學家的精神，就在表彰那凜然不屈的天地正氣；所以我不只是拳拳故君之思，「殉君」而已，我是進一步的要「殉道」。

記：您不但拒絕草詔，還大罵「燕賊」，您不怕死！

方：死就死，燕王要從我這兒得到「登基詔」，No way，門兒都没有！

記：我看連「窗兒」都没有，可是您惹火了燕王，他一怒之下，可抄您家九族。

方：難不成，他抄我十族？

記：說的也是！從己身往上數五代，再往下數五代，頂多不過九代而已。

方：燕王真是個頭號大暴君！大瘋子！他竟然把我以前在私塾教過的學生也一律抄斬。

記：總共牽連多少人？

方：被殺的有八百七十三人，外加被流放充邊充軍的，亦達千人之數。

記：這是有史以來最慘、最烈的殺戮案。

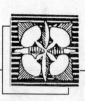

方：而且他每殺一人，就在我面前展示血淋淋的人頭，並問：「草不草詔？」

記：您也豁出去了？

方：一個勁兒的說不！我勇敢的說「不」到底，最後才砍我。

記：爲這慘案，您留下了任何的遺言？

方：有「天降亂離兮，孰知其由，奸臣得計兮謀國用，猶忠臣發憤兮，血淚交流，以此殉君兮抑又何求？嗚呼哀哉兮庶不我尤。」絕命詞一闕。

記：太慘了！太慘了！您的氣節真可說貫金石而動天地，不但志高氣銳，而且詞鋒浩然，亂臣賊子聞之喪膽！

方：沒什麼啦！只是一心效法文天祥浩然之正氣而已！

記：文天祥面對的是異族入侵，面臨亡國、亡族、亡文化的危機，而您呢？只是斤斤計較於朱家叔侄王位之爭。

方：燕王也跟我說，這是朱家家事，不用外人置喙。

記：這您又何苦，害死這麼多人？

方：是燕王下令殺的，又不是我殺的！

記：我雖不殺伯仁，伯仁卻因我而死！

方：……。

口舌之快，萬骨枯

記：您這種作爲，顯然的是一種「死道友嘸的死貧道」的自私作風。

方：您不但不同情我、讚美我，還罵我！那我豈不白死了。

記：您不但沒有死，而且還得了「精神不死」遺烈千秋萬載，那是九百多條性命，犧牲了一、兩千個幸福美滿家庭，所堆砌而成的。

方：……。

記：爲只爲您逞一時口舌之快！

方：難道我錯了嗎？

記：子曰：「邦有道則仕，邦無道免於刑戮。」這是讀書人的基本認識，枉您讀書破萬卷！

方：那我該怎麼辦？

記：您可以避地海隅，放逐天涯，從此作個隱形人。

方：可是我是被抓去强迫草詔……。

記：您可以觸柱而死，或者嚼舌自盡啊！

方：嗚……嗚！我對不起爹娘，對不起妻子、兒女、兄弟、親戚，更對不起衆多的無辜學生，這筆感情的血債，我永遠還不了了。

記：我看我也要收斂一下……。

方：您每天寫一些五四三的犯上文章，有朝一日，「大當家」勃然大怒。您教書、講演四十多年，光學生就超過六萬人（包括補習班十年），恐怕就連台灣海峽都會染紅了。

記：阿門！God bless me！「民主先生」萬歲！李登輝萬萬歲！

——二〇〇〇·九刊於《國文天地》一八四期——

和平、奮鬥、救中國？

～中山先生訪問記～

孫中山先生，生當中國內憂外患、危急存亡之秋。集大智、大仁、大勇於一身；合立德、立功、立言於一體。他推翻帝制、建立民國，完成救國救民之任務。建立亞洲第一個民主共和國，創立三民主義、制定五權憲法、頒行實業計畫、蔚為二十世紀思潮之主流。他的事功與影響足可與美國威爾遜、俄國列寧、印度甘地及土耳其凱末爾媲美。不可否認的，他是一位傑出的政治家與罕見的思想家；但許多人把他神格化，也有人把他英雄化，以致失去了他的真面目。現在我們透過記者的採訪，讓孫先生現身說法一番。

九五之尊·化外之民

記：孫先生您好！由於你是「偉大的革命先行者」，是「中華民國國父」。希望您能接受我的訪問。

孫：謝謝。

記：咱們先從您的名、字、號說起。據淡江大學有位莊政教授說您正式的名號有十二個之多，至於連外號在內則達二十個之多。

孫：老實說，名字多得連我自己都搞不清楚。他整理過我所有的名和號，比我自己還清楚。

記：就您記憶所及，儘量回憶吧！

孫：我名文，字載之。

記：名文我知道。字載之？怎麼没聽過！

孫：我在《倫敦被難記》的自傳中曾提及。

記：怎麼有人說您名文，字逸仙？

孫：那是不懂「名」、「字」的關聯性所造成的。韓文公云：「文以載道」，因此名「文」即以「載之」字。

記：那逸仙又是什麼？

孫：我十歲入塾，「日新」是我的學名。

記：是出於大學「苟日新，日日新，又日新」？

孫：是的！不過中國人一般對「日」字，很難發出正確的音。

記：的確！就像日本人「進出」中國。東北人喊他們「一笨人」；湖南人喊他們「二笨人」；到了上海他們變成「十笨人」……。最後連日本人都不知道自己是「幾笨人」了。

孫：所以，西元一八八三年我的國文老師區鳳墀，替我改號為逸仙。這是我最常用、最喜歡的一個名號。

記：逸者，高雅脫俗；仙者，非凡、永恆也。最合您一生人、事、功的寫照！

孫：至於德明是我的譜名。

記：喔！原來那是按族譜取的，所以您大哥叫德彰、二哥叫德祐、聽說您出生於一個黃道吉日，因而幼名帝象，以示「帝王之象」，可有這事？

孫：我生於西元一八六六年十一月十二日（農曆同治五年十月初六

日）一個再平凡不過的日子。

記：那一年在中外歷史上都沒有發生什麼重大事件；又爲什麼取這個「封建」的名字。

孫：我們村子裡有座北極殿（即北帝廟），按鄉下的習俗，村中小男孩大都在父母之命下，拜北帝爲乾爹，以企求長命富貴，像我的塾師叫鄭帝根，同學之中有叫楊帝賀、楊帝卓，村人楊帝鏡、方帝和……者。

記：「中山」這個號，又是怎麼來的？

孫：我三十二歲（西元一八九七年）廣州起義失敗後，逃亡日本。有一次與日籍友人平山周投宿於一家「對鶴館」旅店，他在旅客登記簿上替我寫下「中山」的化名，以避清廷偵探的追緝；我順手再寫下「樵」字，意即「中國來的山樵」，而非姓中山的日本人。

記：從此「中山」兩字，名聲大噪。可說無心插柳柳成蔭囉！

孫：可是我最不喜歡這個名字。

記：爲什麼？

孫：因爲「孫」是中國姓，「中山」是日本姓；孫中山三字是個雙姓，而非姓名。

＊中山縣翠亨村「孫中山故居」

記：您雖不滿意還可以接受吧！

孫：不過這個名字倒是有個優點：簡單、好記、好寫。後來有人陸續取名叫：中川、中和、中平、中正；平山、仰山、如山；應中、翼中、懷中……等不一而足。

記：可說一呼百諾，萬人景從。連馬英九的女兒叫馬維中，陳水扁的兒子叫陳致中，也不例外。

人傑地靈．出身非凡

記：您的故鄉是……？

孫：香山縣翠亨村。

記：哇！好美的名字。聽說您那地方「草經冬而不枯，花非春而亦放」；香山兩字即因此而得名。

孫：這倒是我第一次聽到的資訊。就我所知，故鄉負山面水，在貧瘠的紅土樹林中，並未有「花草芬芳，經冬而香」的美景；在沖積平原中僅有的一座近看像犁頭，遠看像香爐的小山。

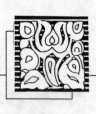

記：香山敢情是「香爐山」的簡稱。

孫：很可能。

記：聽說「翠亨」兩字，是因爲「蒼松翠柏，碧綠長年；山川秀麗，景色宜人」而得村名。

孫：真笑死人！我村「地多砂磧，土質磽瘠」，不宜稻作，只能種菜，因而叫「菜坑村」。

記：又有人說，你們村裡居民，以蔡姓爲多，所以叫「蔡坑村」……。

孫：没那回事！我村七十戶人家，楊、陸、馮、孫、蘇、譚、麥、陳、錢、梁十大姓，哪輪得到「蔡」坑村？

記：總之，出了一位孫中山，因人傑而地靈，烏鴉也能變鳳凰。土俗的菜坑村一躍而爲優雅的翠亨村，香山縣也改爲中山縣。

孫：「江山代有才人出，各領風騷數百年」，也是無可厚非的……！

赴檀島，念英文；走香港，學買辦

記：談談您的求學經過好嗎？

孫：由於家境赤貧，無力交學費，只在楊寶常先生的書房附讀。

記：您的家境究竟窮到什麼程度？

孫：我父親是個貧農，租了二畝半（約四百二十坪）的農地，從事佃耕，根本不足以養育一家包括祖母、父母及兄弟姊妹等七人；平日只好做零工兼打更，農閒時還步行到三十公里外的澳門板樟堂街替葡萄牙人綴補皮鞋。窮得在二姊妙茜稍長後，不便擠睡一炕（木炕），晚上只好寄居在舅舅楊成發家中。幾乎可用「三餐不繼，家徒四壁」來形容。

記：直到什麼時候，才正式入村塾讀書？

孫：十歲那年，家兄已在檀香山一個菜園裡做工，每月工資十五美元，除食用外，匯寄十元回家補貼家用，我才得入塾就學。

記：前後四年間讀了些什麼書？

孫：讀了「百、千、三、四、五……」。

記：是數學資優班？

孫：不是啦！是百家姓、千字文、千家詩、三字經、四書、五經。

記：哦！原來如此。您什麼時候到檀香山念書的？

孫：十四歲那年。家兄在茂宜島經營雜貨店與牧場，已稍有成就，即隨母前去依親。

記：首次出國，是否帶給您很大的震撼！

孫：始見輪舟之奇，滄海之闊，自是有慕西學之心，窮天地之想。

記：換句話説，是這時候您在思想上有了新境界，生命中有了新啓示。

孫：在夏威夷四年，除了奠定英語的説寫基礎及明瞭耶教義理外，對於夏威夷土人進行反抗美國殖民主義的鬥爭，尤具深刻印象。

記：後來呢？

孫：我在意奧蘭尼學校（Iolani College），三年畢業（相當於初級中學）後，進入歐湖書院（相當於高中），準備畢業後至美國本土繼續大學教育。

記：怎麼後來半途而廢？

孫：由於我要受洗信基督教，家兄深恐小小年紀的我數典忘祖，因而遣送我回國。

記：「曾經滄海難爲水，除卻巫山不是雲」，想必感觸良深。

孫：遂有「北極殿事件」發生。

記：何謂北極殿事件？

孫：回鄉後無所事事，有天心血來潮與同村同學陸皓東，進北極殿折北帝一手臂，並毀其餘偶像三具。

記：北帝不是您乾爹嗎？您不怕遭報應？

孫：這北帝也保佑不了人，爲破除村人的愚昧與迷信，只好大義滅「親」了。

記：是否引起軒然大波？

孫：第二天村人發覺，震驚憤怒之餘，鳴鑼聚衆，到舍下興師問罪。

記：您闖了大禍？

孫：我爸嚇得倉皇匿避。

記：最後您認罪了？

孫：我才不呢！家母楊太夫人挺身與鄉人談判，除了道歉賠罪外，允出花銀十兩，建醮一壇，並把兩個禍首逐出村外。

記：您和陸皓東就這樣分別走香港與上海。那不是很「衰」嗎？

孫：倒也不見得，我反而因禍得福。

記：到香港幹什麼？

孫：進了拔萃基督書院。

記：這種破學店有什麼可念的。

孫：没辦法啊！權宜之計嘛！至少念念英文，將來當個傳教士或洋行買辦什麼的，以資餬口。

記：這麼說來您並不是從小就立有救國救民的大志？

孫：在我那個時代，菜坑村的孩子，能認識幾個漢字，聽聽洪秀全老兵講故事，已經很造化了。

記：據說您以及您父祖輩都具有强烈的民族思想，不但是一輩「拒絕科舉考試的小子」，而且還拒絕任公職？

孫：未參加科考任公職是事實，那純粹是環境太窮使然，與民族思想無關。

記：何以見得？

孫：如果我真的斤斤計較於狹隘的民族主義，那我又何必「求知當道」於王韜、何啓、鄭觀應等人？又何必上書李鴻章去「遊說公卿」呢？

記：哦！

孫：我於西元一八八四年，因毀神像事件出走，進香港拔萃書院（Diocesan Home），後來轉學到學校設備較佳的中央書院（Central School）。

記：聽說您在香港還進過維多利亞書院（Victoria College）與皇仁書院（Queen's College），跟時下的太保學生，號稱在二年內換過四、五個學校，有「異曲同工」之效。

孫：哪有？我自始至終只念過「拔萃」跟「中央」二個書院，不過這個中央書院在西元一八八九年改名「維多利亞書院」，又於一八九四年改稱「皇仁書院」，以至於使人產生錯覺，以爲我在二年內讀了四個學校。

記：這種學店能滿足您的需求嗎？我看您「終非池中物」。

進醫校．從醫人到醫國

孫：我於一八八六年因喜嘉理牧師之介，入廣州博濟醫院附設的南華醫校習外科包紮。

記：那應該說是一所培養「赤腳醫生」的訓練班吧！

孫：你如果不怕得罪我的「崇拜者」的話，當然可以這麼說。南華醫校就是爲了要培訓中法之戰傷兵包紮生而開設的。

記：後來呢？

孫：在博濟不到一年，就轉入設備較爲完善的香港西醫書院。

記：這所書院可是日後香港大學醫學院的前身？

孫：對！不過時當草創期，除了一般課程與實習課在雅麗士醫院上課外，其餘的化學、生物、物理、公共衞生、病理學與細菌學等，都因陋就簡，必須借用其他機構與書院的設備。

記：這所書院的資歷，當時是否爲英國人所承認？

孫：「英國不列顛醫學總會（The General Medical Council of Great Britain）」，並不承認她的文憑。

記：這也難怪她的校名叫 The College of Medicine for Chinese, Hong Kong（香港中國人西醫學院）。

孫：我畢業證書上印的是「考准權宜行醫」，只是「權宜」行醫，並沒有簽發「出生」或「死亡」證明的權力。

記：這對您這位專攻婦產科與外科的醫生，等於是廢了「武功」。

孫：所以我畢業後，既不能在香港行醫，只好由香港總督羅便臣轉介我和江英華（只有二名畢業生）到北洋通商大臣兼直隸總督衙門，以「欽命五品軍牌」暫給月俸五十元候缺任用。

記：哇！五十塊大洋，很好的待遇，您是否去報到上任？

孫：兩人在康德黎的陪同下，到兩廣總督府領牌晉京報到。孰料總督府諸多刁難，責令填寫三代履歷。調查身家清白，方得准領。

記：後來呢？

孫：我孫氏歷代均爲「白丁戶」（意即沒有科舉功名銜），當然任不了「欽命五品官」。

記：香港掛牌無望，北洋任職落空，那您豈不走投無路？

孫：那年秋天只好到澳門行醫，擔任鏡湖醫院西醫局的首任醫師。

記：聽說名聲很好，很受人愛戴。

孫：年底我就借款貳千元開了一家「中西藥局」，同時亦在鏡湖醫院兼診。

記：開診情況如何？

孫：真可說「强强滾」，熱鬧非凡。

記：怎麼個盛況空前法？

孫：那年我二十七歲，精力充沛。每天上午七時至九時在草衙堆街的「中西藥局」應診，十時至十二時在鏡湖醫院義診，下午一時至三時在仁慈街十四號住所「孫醫館」看診，三時以後特約出診。每星期天上午十點至十二點在住所爲民衆接種牛痘。

記：教學、研究、公益、社服……您是個全方位醫師，可敬可佩。

孫：不敢！

記：據說您也大大的賺了一些錢，作爲日後革命的基金。

孫：照理應是賺大錢，但不到半年，引起葡籍醫師之嫉。以未得葡國之許可狀，不得在澳門領地內行醫、處方、配藥等行爲……。

記：慘遭封殺，您的二千大洋全泡湯了。

孫：我只好到廣州沙基另開一家「東西藥局」。

記：診所業務如何？

孫：大不如前，藥局週轉發生困難，只好歇業。

記：大概是廣州人仍然習於中醫、中藥。

孫：這是原因之一，最主要的是我的同學鄭士良、陸皓東、尢烈、陳少白……等，都不約而同的來到廣州，幾個志同道合的朋友，常在尢烈服務的廣雅書局、楊鶴齡開設之楊耀記商號內暢談國事，論辯改革……。

記：換句話說，這時您已經無心於醫事，有志於革命，從事「驅除韃虜，恢復華夏」。

孫：連番遭遇挫折，無心於醫事是真的，但說要從事革命倒不見得。

記：爲什麼？

孫：基本上我是個「改良主義者的信徒」而非「天生的革命家」。

記：何以見得？

孫：不然我絕不會寫〈上李鴻章書〉。

記：對了！談談您見李鴻章的經過，此事至今仍然是個懸案。

上書失敗，決心革命

孫：西元一八九三至一八九四年之交，我們幾個「臭味相投」的書生在廣雅書局抗風軒及楊耀記商號，經常月旦人物，暢論時弊，並結交廣州軍政各界，一致認爲李鴻章乃官僚中稍識時務者。

記：您所謂「臭味相投的書生」是否即「四大寇」。

孫：對！

記：於是您在廣州「求知當道」之餘，決定到北京「遊說公卿」。

孫：上條陳的步驟總是這樣的。

記：〈上李鴻章書〉中說了些什麼？

孫：書中說富强之大經，治國之大本，不在於「船堅炮利，壘固兵强」。

記：那在於什麼？

孫：在於「人能盡其才，地能盡其利，物能盡其用，貨能暢其流。」

記：在我大一時讀過您的〈上李鴻章書〉，覺得那是一篇擲地有聲的經典之作，想不到您對「四六文」的寫作，還滿在行的。

孫：西元一八九四年二月間，我放下東西藥局的醫務，回翠亨村花了好幾個星期才完成的，然後再請陳少白與王韜修改指正。

記：誰是王韜？

孫：太平天國時期的狀元郎。

記：難怪文章這麼流暢，氣勢這麼磅礴。

孫：我也以這篇文章爲傲。

記：您爲何以李鴻章爲上書的對象？

孫：第一：他當時位高權重，手下羅致了很多人才；第二：他是香港西醫書院的名譽董事長。

記：這麼說他跟您有師生之誼？

孫：可以這麼說。

記：聽說他召見了您，而您在通報姓名時，一句：「我叫孫門！」的廣東國語，他就端茶送客。

孫：哪有此事？我和陸皓東二人專程到天津候見。結果李鴻章那時正忙於備戰（甲午之戰），不但沒有見到人，上書也沒有下文。

記：您也未免太自不量力了。像我身爲民國時代高考及格的大學教授，給教育部長郭××上書談教育改革，結局同樣石沈大海；何況在前清帝王時代，您以一個沒有功名又沒有職位的「白丁人」，竟然上書「首相」，其結果是可想而知的了。

孫：總之，我的〈上李鴻章書〉算是白費心機了。

記：於是您決定革命。

孫：不！六月份上書失敗，十月份又把全書刊登在上海〈萬國公報〉。

記：還是沒有下文？這太不給面子了。

孫：於是我於十一月廿四日到檀香山創立興中會。

記：正式宣布從事革命活動。

倫敦蒙難．說清楚．講明白

記：倫敦蒙難事件，是您一生中革命事業的轉捩點……。

孫：若是被清廷綁架成功的話，我就死定了。

記：若非您從九死一生中脫險回來，則中國革命前途縱非從此無望，也不知將延宕至何年何月？

孫：說的也是。

記：可否借這個難得的機會向親愛的讀者說清楚，講明白。

孫：西元一八九五年十月廣州起義失敗，我和陳少白、鄭士良三人，匆匆忙忙的搭上開往日本的貨船出亡。

記：您們在日本有朋友嗎？

孫：在橫濱中華街先前認識一個裁縫師傅叫譚發的。

✷國父蒙難地

中共駐英大使館即前清駐英公使館

＊孫中山蒙難中救命恩人康德黎塑像

記：透過譚發的介紹，結識了開文具店的馮鏡如、馮紫珊兄弟等二十餘人，成立了橫濱興中會分會。

孫：接著我到檀香山、舊金山宣傳革命……。

記：您早就認定「華僑是革命之母」，所以積極從事海外革命陣營之建立？

孫：從西元一八九五年第一次起義失敗被通緝流亡海外後，因勢利導也只有這樣了。

記：因而第二年的九月才有英國之行？爲什麼選中孤立海外的島國，而不選歐陸中心的德、法？

孫：我有兩位以前在香港西醫書院教過我的老師康德黎博士與孟生博士在英國。

記：聽說您從紐約下船赴英時，清國駐英公使已委託「司賴特偵探社」（Slaterts Detective Association）派密探偵查您。

孫：而我竟然不知。

記：所以，十月十一日（星期日）十時半，您自住處「葛雷法律學舍（Gray's Inn）」赴覃文省街欲偕康德黎夫婦，赴禮拜堂途中，路過清使館門口，爲該館二名人員所挾持，幽禁在三樓小房間內，準備相機遞解回國。

孫：全不是那回事？

記：實際上是怎麼回事？

孫：我一到倫敦先住在斯屈郎（Strand）路的赫胥旅館，放下行李就去看望我的老師康德黎。

記：海外遇故舊，當然格外高興。

孫：康老師代我租住於比較便宜的葛雷學舍（Gray's Inn）以便就近接談、照料。

記：那您怎麼會跟清使館有了「第一類的接觸」呢？

孫：我獨處學舍，人生地不熟的，頗覺無聊，除了逛街外每天都到免收門票的大英博物館參觀、看書……。

記：您到英國的目的並非觀光、旅遊，而是宣傳革命、組織羣衆。

孫：說的也是，沒有對象、找不到對象。如何宣傳？如何組織？

記：總不能拿個肥皂箱，往海德公園（Hyde Park）一站，向英國佬宣傳中國革命？

孫：那豈不是對牛彈琴？所以根據「不入虎穴，焉得虎子」的定律，我在十月十日（正好是星期六）下午，前往清使館……。

記：說您是個商人，想在僑界做點生意，希望使館能供給華僑名冊及住處……。

孫：對了！那曉得我一進入使館，館員鄧廷鏗先生發覺我就是他們等候多日的「要犯」孫文。所以他約我在第二天正好是星期天，使館街空盪

✷中共駐英大使館外貌

無人之時讓我自投羅網。

記：那您在《倫敦被難記》為什麼強調是清使館人員挾持您呢？

孫：您知道使館範圍內，乃他國領土，當你闖進去後，要殺要剮全由他人宰割，我為了讓英國人有營救我的理由，所以才撒了個「善意的謊言」。

記：真是用心良苦啊！

喝水　憤怒　救救我！

孫：對不起啊！今天的訪問先告一段落，我還要回去看書。至於組織革命、推翻滿清、建立民國的事，請您看《中國近代史》或《三民主義》都可以。

記：不！您爲我們推翻帝制、創建民國，建立亞洲第一個民主共和國；接著又創立三民主義、五權憲法、實業計畫，構築建國藍圖，您是偉大的政治家、傑出的思想家，我們讚美您！我們禮敬您！我們崇拜您！

孫：省省吧你！高中三民主義減課，大學國父思想停修，高普考國父遺教廢考，還崇拜什麼！

記：這是時代潮流所趨。教育部與考選部，也是拿人（立法院）錢財替人消災的啊！

孫：一顆來路不明的假佛牙，值得全國上下如癡如狂、廢業破產、燒頂灼臂、披髮作賤的迎它、拜它、供它。

記：您的意思是……

孫：我的一顆真牙齒，現在仍然冷冷清清的躺在中國國民黨黨史會的倉庫裡，連碗清粥餿飯都沒有人來供我！黨主席每天打著我的名號，表面上奉行三民主義、五權憲法，骨子裡爭權奪利，暗搞台獨，十幾年是怎麼幹的。丟那妹！

記：小聲點！小聲點！不要給蘇主任聽到，免得被點名批鬥啊！

孫：誰怕誰啊！

記：小心別動肝火，不然您的肝病又要發作了。

孫：拜託你在媒體呼籲一下，看在「中華民國在台灣」的分上，黨主席帶人去叩個頭，裝嘛也得裝一下。

記：搞不好您那顆真牙，早已被國父紀念館弄丟了呢！

孫：不在乎牙齒是真的，還是假的？「心誠則靈」，真假又有什麼關係？

記：By the way! 聽說您在臨終時，尚不忘國事，反覆頻呼：「和平！奮鬥！救中國！」

孫：誰說的！

記：書上都這麼說。傅啓學先生編的《國父孫中山先生傳》描述得就像他親耳聽到似的。還有一位御用學者曹×一教授說您臨終直喊：「中正！

中正！」，結果他還因此成爲中央研究院的研究員。

孫：喊爹！喊娘！近在身邊的Rosa（慶齡小名）不喊！怎麼會喊遠在天邊的介石呢？用肚臍眼想也知道！

記：事實上到底是怎麼回事？

孫：民國十四年二月二十四日我病篤，醫生告訴侍疾的同志，如欲問遺言，此其時矣。

記：於是您寫就：「余致力國民革命凡四十年……」的〈總理遺囑〉……

孫：我早已不能寫字，那是汪兆銘事先預備好的稿子，念給我聽的。

記：您同意？

孫：遺囑寫的真好，要言不煩。革命目的、革命方式、革命主張以及最後希望都表示很清楚。

記：您立刻簽字。

孫：沒有！

記：爲什麼？

孫：夫人宋慶齡女士在房門外，聽說我要簽遺囑，放聲大哭，我怕她傷心過度受不了，所以没有立刻簽字。

記：直到什麼時候才簽？

孫：三月十一日中午，我知道我已不行了，才叫汪兆銘拿出遺囑，由夫人宋慶齡托著我的手腕完成簽字。

記：後來呢？

孫：夫人一直哭個不停。

記：才三十三歲的婦道人家，頓失倚仗，面對洶湧的政潮，不知何去何從？

孫：汪兆銘、張人傑、吳稚暉、宋子文、孔祥熙、戴傳賢、鄒魯、何香凝……等人都各忙各的。

記：雖不致於明爭，卻也免不了暗鬥？

孫：他們都想爭取夫人的認同。

記：都把您給忘了。

孫：從十一日中午到十二日九點三十分，長達二十一小時之久。我在彌留狀態中三次蘇醒。

記：您作欲語狀？

＊南京中山陵中山先生座像

孫：我聲嘶力竭的喊：「喝……喝水！」「憤……憤怒！」，「救救我！」，結果誰也不理睬我！

記：您含恨而終，賷志以歿！

孫：嗚！嗚！嗚！你們還尋我開心。

記：★@π／？

——二〇〇〇・二刊於《國文天地》一七七期——

政治編

盜亦有道・詩書不載

～盜跖訪問記～

自民國七十六年七月十五日台省宣布「解嚴」後，彷彿進入了「法律假期」，於是劫鈔、綁票、兇殺、槍擊……等案，層出不窮，形成社會嚴重脫序現象。最近犯案手法升級，部分治安人員於執勤時，屢遭歹徒圍殺，造成警匪槍戰場面。職司警政治安的內政部，莫可奈何，只好祭出「亂世用重典」的法寶，可是「維護治安暫行條例」又未能及時完成立法。為此，記者特走訪盜跖先生，談一談古代竊盜「作案」的規矩。

同根異枝・天壤之別

記：盜跖先生！您好。最近事業可忙？

跖：還好！欣逢春節假期，我下令同行一律休假十天，以示與民同樂。

記：怎麼？您們的行事曆，也要配合行政院人事行政局的規畫？

跖：我們最近還計畫配合周休二日制。

記：談談您的身世好嗎？

跖：説起我的身世可真顯赫。撇開我父親不談，我的哥哥就是鼎鼎大名的柳下惠。

記：就是那個「不以侍奉惡君爲恥，不以做小官爲卑。雖遭放逐也不怨恨，雖逢窮困從不憂愁。」孟子稱讚他是「聖之和者」名展禽的柳下惠先生嗎？

跖：正是。他的「性」修養更是端正到「女子坐懷而不亂」的地步。

記：真有這碼子事？在這 sex 開放的時代，簡直不可思議到了極點。李敖説這年頭除非有「暗疾」的人，才會坐懷不亂。

跖：李敖這小子，敢這般無禮，哪天惹毛了我，叫手下把他的《李敖大全集》偷個精光，叫他破產。

記：令兄入於聖賢，足下爲何流爲盜寇？

跖：雖是同根生，稟賦大致相同，但由於後天環境的不同，以致有了天壤之別。

記：怎麼樣的不同法？

跖：家兄與孔丘爲友，接受聖人之教，吾乃不羈之徒，率性而爲。

記：聽說您這個强盜集團大得很，作案的範圍也廣得很？

開班授徒・自成王國

跖：不錯！我有弟子九千人。我們大白晝搶劫，橫行無阻，甚而攻擊諸侯。小自破人門戶，扒竊錢財，順手牽人牛馬，大至擄掠人口，無所不爲，無案不作。

記：綁不綁票，撕不撕票？

跖：專綁貪官污吏，專撕惡性倒閉，有時還砍人無名指，甚至還焚屍滅迹，丟進臭水溝中，但從不在小孩子身上打主意，尤其是鄉下的窮人孩子。

記：那搶錢的對象，又是哪些人？

跖：爲富不仁者與黑吃黑者，還有地下投資公司，還有那種一人在台撈錢，全家放到美、加、紐、澳的「獨台」分子。

記：搶不搶銀行？

跖：當然搶。但絕不搶運送途中的銀錢。

記：為什麼？

跖：免得連累出納、會計與押送人員。

記：聽說您常用人肝配最青的啤酒？

跖：是的！但那不是普通的心肝，都是一些「黑的」「硬的」心肝。

記：意即您「反黑」又「反金」！

跖：正是！正是！

記：您收弟子，有沒有一定的標準？

跖：當然有。除了身體健壯、孔武有力、頭腦壯壯之外，還必須具備「武德」方可。

聖、勇、義、智、仁——盜亦有道

記：我只聽說過當軍人要具備智、信、仁、勇、嚴等五德，沒聽說當强盜也有五德。

跖：這叫做「盜亦有道」，你懂嗎？

記：是哪五德？

跖：聖、勇、義、智、仁。

記：何謂聖？

跖：所謂聖就是判斷能力。譬如說：當你準備扒一個人的西裝口袋時，你必須有把握這口袋裝的是鈔票而不是衞生紙。你別看那人尼龍衫口袋裡有「三五」的盒子，保不定裡頭裝的是「新樂園」。

記：那第二德呢？

跖：勇。勇就是入先（身先士卒）。

記：第三德呢？

跖：義。義就是出後（最後掩護撤退）。

記：第四德呢？

跖：智。智是知可否。也就是說扒到金錢財物固然可以留下，但是證件、支票等必須立刻以「限時」寄還。

記：盜來的贓物是否立刻分贜？

跖：不可！必須留置三天，以觀風聲。

記：爲什麼？

跖：如果所做的案子，會引起國際交涉，或者損害國家形象、政府威信者，一律退回。

記：那第五德呢？

跖：仁。仁就是分均。大凡東窗事發都起於分贜不均。

從做中學，學以致用

記：您的意思是幹强盜必須修畢以上聖、勇、義、智、仁五大學程的學分方可。

跖：那是我「盜邦」弟子的基本教養。

記：有如國民義務教育一般，人人必備。

跖：名之曰「基礎教育」可也。

記：那有没有「進修教育」與「深造教育」。

跖：廢話，那是肯定有的，更有「推廣教育」。

記：進修教育與深造教育學分費怎麼算？您每天辦這個班、那個班，忙得不亦樂乎？那有精力從事治理盜邦。

跖：怎麼會？基本上我只辦基礎教育；進修班與深造班都由法務部接辦。

記：怎麼會這樣子呢？法務部具有警、調、檢、推、監五大系統，專門對付你們這種雞鳴狗盜之輩，消滅犯罪，以求社會安寧，怎麼會反過來助紂爲虐呢？

跖：你不要亂用成語好嗎？商紂怎麼能和我「共比高」。

記：對不起！對不起！失言之處敬請原諒。

跖：我剛才不是說過了嗎？凡我弟子修完上述五大學程，就由「老鳥」帶著去實習——從做中學。

記：實習一年期滿，成績及格正式入「盜籍」？會不會被抓，鋃鐺入獄？

跖：通常不會被抓？

記：爲什麼？

跖：警察每天「呷乎肥肥，結乎捶捶，穿乎水水，等領薪水」，才懶得管這些偷雞摸狗的「小」偷事件。

記：俗話說「拿人錢財，替人消災」總得裝一裝，虛應故事一番。

跖：填表（竊盜三聯單）如儀，訓戒了事！

記：訓誰啊？小偷還沒抓到怎麼訓？

跖：訓失主啊！

記：他丟了東西，怎麼還訓他？豈是禍不單行，福無雙至？

跖：叫他小心門戶，多加把鎖，鐵門、鐵窗做粗一點、牢一點。

記：説的也是，雙腳長在小偷身上，誰也不能防礙他人自由。

跖：對了！您這記者最開竅了，不像一般人都不替警察想一想。

記：人民的保母，也有苦水？

跖：他們每天值勤六小時（包括內勤坐班三小時，外勤騎哈雷飆車三小時），備勤（睡覺）四小時，已經累得像隻狗了，還要抓什麼小偷強盜。

記：是否有失主「臨表涕泣，不知所云」，乾脆放棄填表報案。

跖：那最好，大家省事，反正「人遺之，人得之」，東西在什麼人手上不都一樣？

記：要是我的機車被偷了，是否也要填表報案？

跖：那倒不必！現在提倡便民運動，只消電話報案即可。

記：然後呢？
跖：按鍵輸入電腦，通緝在案。
記：通緝偷車賊？
跖：通緝車輛！
記：有用嗎？
跖：君不見沿路有交警，左手持相機，右手掌電腦，見一個車子就輸入車牌號碼，包他無所遁形。
記：萬一竊車集團，把車子用貨櫃輸往大陸呢？
跖：那是經濟部的事！
記：萬一他把車子解體當零件賣，或者拼裝成農運車呢？
跖：那是工業局與農業局的事。
記：對於失竊車輛你們只能做到這個地步？
跖：頂多加貼一張通告：「治安快訊：此處機車經常遭竊，請加强防竊措施，發現可疑人、事、物，請立即電25563053。」
記：最近台北縣連續發生十七次機車縱火案……。
跖：我也看到警察分局的告示：「最近板橋、新莊、蘆州、三重等地區連續發生機車縱火案，嚴重影響民衆生活，作案歹徒爲一人至二人，騎乘機車，戴安全帽……。」

記：既然已看到歹徒，爲什麼不抓起來，繩之以法，反叫里民「提高警覺，多加防範與配合」呢？

跖：一句話，封建時代警察「作之君，作之師，作之親」的「三作牌」意識形態又復活了。

記：原來警察這麼好幹，難怪每年警察大學招生，大家擠破頭。

跖：甚至不惜作弊，送賄……以圖錄取。

記：我曾經在電視上看過：「颱風期間請小心門戶，防止竊盜，警政署關心您！」的公益廣告。

跖：這表示他們抓竊盜的ＩＱ雖然不高，但親民、愛鄰的ＥＱ十分高；可歸類爲「警察傳媒文學」。

學士、碩士、博士、循序漸進

記：您剛才說，法務部替你們辦進修教育與深造教育，是怎麼回事？

跖：我那些初出茅廬的子弟兵，起先只能幹幹偷雞摸狗的小case。

記：像是順手牽羊，或是夜闖空門之類的勾當。

跖：等到被抓以後，姑念初犯，通常被判三個月或半年的。

記：蹲坐黑牢，豈不慘哉。

跖：全省各地好漢，集中一起切磋琢磨之餘，技術豈不更上層樓。

記：等他出獄時，已是學士學位程度。

跖：此時已非昔日吳下阿蒙，進入搶超商、機車搶劫的「第二階段」。

記：如果再次入獄，一年半載後再度成爲一尾活龍。

跖：這時已進入碩士學位階段。

記：專搶銀行、綁票擄人，警匪槍戰的地步。

跖：一旦用直昇飛機「限時專送」到綠島四至六年，出來後……。

記：不啻擁有博士學位。

跖：這時已成「黑金」老大，或競選立委，或出任議長，包山包海一呼百應。

記：「盜邦」資歷的累積與政黨資歷的累積有異曲同工之效？

跖：怎麼說？

記：凡坐牢五十年以上者，像曼德拉一樣，就有總統可幹；二十五年就有黨主席可幹；坐牢十二年的雙口小姐可以幹副總統……。

跖：誰說不是呢？

記：還有你們的「推廣教育」又是誰在替你們辦的？

跖：新聞、報紙、電視、電影……各種媒體莫不天天在教人使壞、教人做案。

記：難怪他們被稱爲「製造業」——罪犯製造業。

竊鉤者誅．竊國者侯

記：像你這樣勇悍果敢，文武兼資，術德具備，加上聚衆率兵，大可南面爲王，稱孤道寡一番，何苦流爲盜寇，遭人唾罵。

跖：那也不見得！要稱王還不簡單。我哥哥的好友孔丘仲尼博士，就曾經率顏回、子貢來見我。願爲我「南使吳、越，北使齊、魯，東使宋、衛，西使晉、楚」，在其間建立一個範圍數百里，人口數十萬的小王國。

記：爲您尋求國際承認？

跖：換句話說就是進入聯合國！

記：那您爲何拒絕？

跖：王、寇只是一念之間的事耳。堯、舜一統天下，他們的子孫朱、均還不是窮無立錐之地；湯、武奪得神州，貴爲天子，其後世紂、赧還不是遭人弒篡。像我這樣劫富濟貧，鋤人間的不平，造成均富的理想世界烏托邦，我又何樂而不爲呢？

記：好像是「言之成理，持之有故」的樣子，不過，據說行政院正擬制定「維護治安暫行條例」，準備把你們一網打盡。

跖：安啦！我的手下「四維不助」早就進入立法院，爲我的「利益團體」護法。

記：您的意思是立法院會把這個法案擱置。

跖：當然！無限期擱置！

記：@#&！謝謝您接受訪問。

跖：再見！

記：噢！可不希望在我家，見到您以及您的手下。

跖：找個地方，喝個咖啡總可以吧！

——一九九〇・二・十刊於《掃蕩》周刊——

——二〇〇〇・九增刪——

自古帝王多流氓．從來英雄出無賴

～劉邦訪問記～

漢高祖劉邦，從小不事生產，亦不務正業。好酒色、貪財、愛𠣾訇（碰風）。為人豪爽豁達，喜交遊，常與三、兩好友，至pub賒帳飲酒，往往醉臥酒館，有錢時才加倍奉還。

三十歲那年，劉季憑著關係，謀得泗上亭長一職（秦時百家為里，十里為亭，十亭為鄉）。亭長之下只有兩個部屬：其一叫「亭父」，掌開閉關、灑掃整潔；其二叫「求盜」，掌追捕盜賊。因此，亭長的級職，充其量相當於現今警察派出所「一毛三」巡佐的地位。要不是秦末天下大亂，他可能一輩子當個亭長而已，然而「王侯將相本無種，男兒當自強」。秦二世元年（西元前二〇九年）陳勝、吳廣揭竿為旗，斬木為兵；同年，劉邦也在沛縣趁時而起，五、六年之間，建立大漢帝國，榮登九五之尊，成為我國歷史上第一位平民皇帝。這是「時勢造英雄」？還是「英雄造時勢」？且讓我們一訪劉邦先生，說個明白。

小小亭長·大大志向

記：劉邦先生！您是我國歷史上第一位「平民皇帝」，請接受我的訪問。

劉：何謂「平民皇帝」？

記：凡草莽之士，能在及身之世，問鼎天下，安邦定國，榮登帝位，便叫平民皇帝。

劉：我既是歷史上第一位平民皇帝，那麼還有第二位嗎？

記：第二位平民皇帝是明太祖朱元璋。

劉：那麼，我該從那兒說起呢？

記：就從您的姓氏、家世說起罷！

劉：我姓劉名季，沛縣、豐邑、中陽里人。

記：我們一向以爲您姓劉名邦，怎麼會變成劉季呢？

劉：我父名太公，母劉媼，夫婦倆育有三子：長兄叫劉伯，次名劉仲，我叫劉季，意即「劉老三」是也。

記：這麼說來，您們是個沒有什麼教育水平的中農之家。連父母都沒有正式名字，只是分別被稱呼爲劉太公、劉老婦人而已。生了三個兒子，就順口叫劉老大、劉老二、劉老三。

劉：劉邦這個名字，還是我即帝位後，正式取的第一個名字。

記：這麼說，姓劉名邦字季，號老三，乃是您正式的名諱了。

劉：這是我最完整的稱呼。

記：說說您小時候的生活情景。

劉：我父有幾十畝田地。父、母、兄弟三人，一家五口，倒也過著衣

✱漢武帝

食無缺，小康的自耕農生涯。

記：您們父子四人，一起下田工作？

劉：二位哥哥與父親一起下田工作，我才懶得工作，也不屑工作——老實說，那十幾畝小田，三個人耕作，已是綽綽有餘，也用不著我去插手。

記：那您每天都在幹什麼——拚命讀書求功名嗎？

劉：那時候還沒有科舉考試制度，讀書既不能考秀才、舉人與進士，我才懶得去讀書，讀書是多麼無聊的事兒。

記：您父母都不管？

劉：我媽最寵我了，據說她生我時，雷電交加，夢見蛟龍鑽進她肚子。她相信我是龍種，終有出息的一天。

記：您不會覺得日子難以打發。

劉：不會啊！日常跟一羣「換帖兼死忠」的好友，逛街、喝酒、泡馬子……，日子過得挺愜意的！

記：您那來的錢？

劉：没酒錢用賖的啊！等有錢時才加倍奉還。

記：父親也不管您？

劉：他連正眼都懶得看我一眼，偶而興頭來時，大罵我無賴！怎麼不學學大哥、二哥，好好工作，娶房媳婦，傳宗接代。

記：您没理他？

劉：我一氣之下，乾脆跑到酒館喝個爛醉，醉臥酒館二、三天或三、五天，有時還蹺家躲到荒郊野外，讓他們找不到我。

記：家人豈不急死了。

劉：不過我媽都找得到我。

記：怎麼個找法？

劉：我媽說我頭上的天空，常有雲氣聚集，我媽只消看雲氣之所在，就找得到我。

記：這怎麼了得，每天混吃、混喝，要混到那一天？

劉：直到三十歲……。

記：三十歲怎麼了，訂親結婚嗎？

劉：誰會嫁給我這個浪蕩子？難不成喝西北風過日子？

記：孔子說：「三十而立」，到了這個時節，您若尚未 Settle

down，那這輩子也就別混了。

混以致用‧當上亭長

劉：說得不錯！那年我當上泗上亭「亭長」。

記：什麼是亭長？又有多大？

劉：這是秦代地方制度的最基層的組織：上自朝廷下至郡（相當於現在的省）、縣、鄉、亭、里。

記：他們之間的隸屬關係如何畫分？

劉：秦朝實施嚴厲的互保連坐法。

記：怎樣的連坐互保？

劉：每五戶稱「伍」，每二「伍」（即十家）稱「什」；每百家稱「里」，里設里魁；每十里設「亭」，亭設亭長；每十亭成「鄉」。

記：這亭長主要的工作是什麼？他有沒有下屬。

劉：亭長管治安，有兩個部屬：一個叫「亭父」，掌管開關柵門出入，以及清掃內外四周環境；另一個叫「求盜」，專門配合「警網」從事捕盜、臨檢、清鄉……等任務。

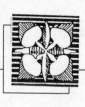

記：色情交易、檳榔西施、販毒吸毒、電玩賭博，也歸你們管？

劉：理論上歸我們管，但那時候的人，「男有分，女有歸」單純得很，沒有這些花招。

記：那亭長做什麼工作？

劉：擔任聯繫、輪值、支援、出席「道安會報」等，最重要的是，押解與運送囚犯、徭役至咸陽。

記：很像現今警察局派出所主管。

劉：是個具有警察性質的地方組織。

記：我覺得很納悶，像您這樣一個既不讀書又不務正業，整天打溜的小混混，怎麼會混上亭長這個職位，該不是考試得來的罷！

劉：當然不是考試錄取而來的，事實上，就算考，我也永遠考不取。

記：那您是經過「白手套」，送紅包得來的？

劉：我哪有紅包可送？正因爲我好交遊，到處溜躂，以致人面最熟，消息最靈通，大家認爲我最適合擔任亭長一職。

記：您是歪打正著，得來全不費工夫。

劉：亭長這個職位，對我來說，是適才適所，「混」以致用，最恰當不過了。

記：一下子，您的社會地位提高了不少！

劉：我是我們家唯一的「公職人員」。

記：您當了亭長後志得意滿，不再做第二想？

劉：那有？有次解送徭役工到咸陽，看到始皇出巡的行陣，不禁喃喃自語，自艾自怨：「大丈夫當如是也。」

呂公慧眼．許配愛女

記：自從當上亭長後，您的交遊面更廣，階層更高囉！

劉：當然，原先交往的都是一些販夫走卒、殺豬屠狗之輩。

記：譬如說……。

劉：灌嬰是個布販子（後封潁陰侯）；周勃是個擡棺輓車的鼓吹手（後封絳侯）；周緤是個拉車夫（後封蒯成侯）；夏侯嬰是個廚子（後封滕公）；樊噲是個屠夫，跟我還是聯襟（娶呂后的妹妹呂嬃爲妻，後封舞陽侯）；盧綰是私塾同學，兩代世交，外加總角之交，親密得有如「焦不離孟，孟不離焦」（後封燕王）。

記：任亭長後，又有一批新朋友？

劉：由於公事上常與縣署打交道，於是認識了一批在縣衙工作的「童子軍」：像縣衙主祕蕭何，縣衙看守所所長曹參（兩人後來先後任我的相國）等人。

記：在這些「換帖兼死忠」的「道友」中，哪一位是您的「親密戰友」。

劉：論關係，樊噲不但出生入死與我相隨，而且跟我還是「大細目」的姻親關係；但若論及最親密的戰友，還是蕭何。

記：何以說？

劉：我和呂雉的婚姻，全是他穿針引線製造的機會。

記：很羅曼蒂克嗎？

劉：一點也不，但卻高潮迭起，逸趣橫生。

記：說說經過吧！

劉：我們沛縣有個呂姓的大財主，他跟縣令私交很好。

記：好到什麼程度？

劉：每次縣令宴客，一定有呂公的分；同樣的，縣令也會爲呂公辦喜慶壽誕等應酬。

記：哦!?

劉：縣令一直想娶呂公的女兒做兒媳婦。

記：這叫產、官、商結合。

劉：有一年縣令爲呂公作壽，由蕭何擔任總招待兼收納禮金。

記：這禮金的多少，是否跟現在一樣，大有名堂與學問？

劉：蕭何宣布：凡送禮金不滿一千錢者，只能坐堂下迴廊，滿一千錢的方可坐進客廳，送萬錢坐首席……。

記：那天您帶了多少禮金？該不是雙手空空，「兩串香蕉」吧！

劉：正是！我一個錢也沒帶；但我跟蕭何、曹參他們很熟，我進門大聲吆喝：「賀錢壹萬！」

記：您就這樣大模大樣地進客廳坐上席？

劉：有何不可？反正只有蕭何心知肚明，而且他不會講出去的。

記：當時也不會有人管這檔子閒事；説實在，您的臉皮有夠厚了，厚得連子彈都打不穿。

劉：這叫做虛張聲勢法，否則像我這樣一個窮措大，怎麼討得到這麼能幹的老婆。

記：難怪「厚黑教主」李宗吾說您「心黑臉皮厚」有史第一。

劉：那次壽宴中，我與呂公同桌。

記：您借這個機會，大吹法螺？

劉：別說得這麼難聽，是自我推銷，自我宣傳。

記：有收到預期的效果嗎？

劉：呂公很開心，席間暗示我，宴後留下。

記：您真的就留下？

劉：卻之不恭，當然留下，而且他真的把女兒呂雉許配給我爲妻。

記：呂雉也願意？

劉：呂雉倒沒意見，但呂老太婆卻大發雷霆，大罵呂老頭口口聲聲說要給女兒選個好丈夫，連縣令的兒子都不答應，結果東挑西揀的，竟然許配給這個大無賴作妻。

記：正是「揀來揀去，揀著一個賣龍眼的。」

劉：呂公卻說：「你們婦道人家，懂什麼！」

記：看來您老丈人還是滿有眼光的！

劉：還是蕭何功勞最大。

記：爲什麼？

劉：要是蕭何那天揭我底牌，我只能坐在堂下，壓根兒見不到呂公與之對飲，這個姻緣也就沒有了。

乘時而起．擁為沛公

記：如果天下太平無事，您可能終其一生，幹這一毛三的亭長。

劉：說的倒不錯！不過秦二世元年（西元前二〇九年）秋天，陳勝、吳廣在蘄縣（今安徽宿州市）起義。沛縣縣令也想起義，召蕭何、曹參等商議。蕭何認爲縣令爲政府派任官員，逕自起義的話，名不正言不順，人心必不服，應該引進一個亡命之徒來響應起義才對。

記：這時候您在那兒？

劉：這時我正奉泗水縣令之命，押解一百多名囚犯前往驪山做苦工。由於部分囚犯在途中開溜，我交不了差，只好帶著其餘的囚犯，在山裡匿藏。

記：蕭何知不知道您躲藏在那兒？

劉：當然知道，所以他才暗示縣令要找個亡命之徒的原因。

記：後來呢？

劉：他們乾脆把縣令殺了，才叫樊噲引我入城。

記：您就這樣輕易地自立爲沛公了。

劉：我集結了蕭何、曹參、樊噲……以及沛縣子弟二、三千人，以沛縣爲根據地，從事反秦的武裝革命。

記：憑您這二、三千人，就想問鼎天下嗎？

劉：就在同時，項梁、項羽叔侄倆，以八千子弟在會稽起義，勢如破竹，一路擴充，將多兵衆，成爲最主要的一支反抗武裝。

記：您跟項軍怎樣會合的？

劉：項氏叔侄渡江後，我和范增、張良等三支隊伍同去彭城（今江蘇徐州）投靠，形成一股龐大的楚國大軍。項梁另外撥了五千人馬給我。

記：這下您的力量大大地增强。

劉：總數擴充到一萬人左右。

記：後來您是怎麼跟項羽槓上了？

劉：楚懷王命項羽先救趙，解鉅鹿之圍；令我西向進軍咸陽，並約定先破秦入咸陽者爲王。

記：當時您們兩人的兵力如何？

劉：項羽兵力約六、七萬，我只有一萬人。

記：那鐵定是項羽首先進入咸陽的。

劉：正好相反，我先項羽二個月入咸陽。

記：怎麼會這樣子呢？

劉：項羽渡過黃河，先救了趙國鉅鹿之圍，然後沿黃河北岸，西向咸陽挺進。由於他的目標顯著，一路上在鉅鹿、在漳南、在新安，都遭遇到堅强的抵抗，打了好幾場的硬仗，越戰越勇，足足花了九個月時間，才打到函谷關，這時兵力已達四十萬人。

記：那您呢？

劉：我率領不到一萬人的部隊，從彭城、昌邑（今山東金鄉）、高陽（今河南杞縣）、陳留、潁川、潁陽……沿線都是小城鎮，没碰到巨大抵抗；尤其自南陽、宛城以後，秦軍望風而降，一路無阻到達武關。這時兵力已達十萬人。

記：換句話説，這趟西征，項羽打的是硬仗——純軍事的運動戰；而您打的是軟戰——政治戰、心理戰。

劉：對！所以我才能先進咸陽。

關中王位．擦身而過

記：依您好酒色、貪財貨的個性，是否大大的擄掠首都一番？

劉：我當然想啊！這是個等了二年，千載難逢的機會；可是張良、樊噲等人諫阻我搶，只把府庫、財貨封存，再退回霸上。

記：您們什麼都沒拿？

劉：我們廢了秦朝所有的苛法，只保留三條。

記：那三條？

劉：殺人者死，傷人、及盜抵罪。

記：就這麼簡單？

劉：當然，蕭何還把地籍、戶口等資料全數帶走。

記：這倒是個聰明的辦法，到時候要錢、要人，抽稅、納捐，都有依據。

劉：我這一生受到蕭何的幫助最大。

記：後來，您順理成章的成爲關中王？

劉：哪有那麼「好康」！當項羽在鴻門，聽說我先入咸陽接受了秦王子嬰的受降，當下大發雷霆，決定休息一天，犒賞大軍，剋日進攻咸陽。

記：這下您不是完了？簡直是雞蛋碰鐵球嘛！

劉：還好項羽的叔叔項伯是張良的生死交，當天夜裡獨自騎馬到我的營地來告急。

記：跑到對方司令部去通風報信？

劉：虧得他！

記：項伯豈不是犯了通敵罪？

劉：誰教他是項羽的叔父，項羽也拿他沒辦法。當夜我和張良商量，懇請項伯從中疏通，決定第二天一大早親自前往項營謝罪。

記：這就是有名的「鴻門宴」。人云：「宴無好宴，鴻門宴！」一定十分驚心動魄。

劉：我差一點被宰，一看情況不對，借著「尿遁」跑回我營區。

記：您就這樣白白地讓項羽「和平統一」秦帝國。

劉：那有什麼辦法？「四十比十」，形勢沒人強，識時務者爲俊傑嘛！

記：項羽入咸陽後，立刻稱帝？

劉：他一口氣封了十八個王國，自立爲西楚霸王，回彭城去了。

記：您有没有被封王？

劉：我被封爲漢王，都漢中，領地在今陝南、巴蜀之地。

記：您很滿意嗎？

劉：我當然不滿。我最先攻下咸陽，功勞最大，封地卻最偏僻。

記：那您怎麼辦？

劉：「爲求更高的一跳，不妨退後一步。」我只好到漢中就國，見機行事就是了。

記：其他被封的諸侯，服不服？

劉：他們大多也不服。分封不到二個月，東方的齊國，北方的趙國首先作亂。

記：您正好養精蓄銳。

劉：我趁齊、趙作亂時，明修棧道暗渡陳倉，滅三秦，最後趁項羽攻齊時，突然出關攻占西楚霸王的都城彭城。

記：項羽怎麼辦？

劉：項羽得知消息，立刻回軍，閃電攻擊，大敗我軍，而且還俘虜了我的父母妻子。

記：您沒有被俘虜？

劉：只帶了兒子、女兒等十餘騎，落荒而逃。

記：有沒有被項羽追及？

劉：其間有三次，差一點被項軍捉住。

記：如何方能逃脫？

劉：我三次把兒子與女兒推下車。

記：親生兒子、女兒都不要了，您真的很狠呢！

劉：兒子、女兒還可以再生，帝王之業失了不可復得。

知人善任、豁達大度

記：依據我們後人看歷史，在這場「楚漢相爭」的擂台賽中，您根本不是項羽的對手。

劉：怎麼說？

記：論年紀：人家是一個年方二十四歲充滿熱情，火力十足的狂少年。

劉：而我呢？

記：年已半百，飽經風霜，已成强弩之末的糟老頭。

劉：其次呢？

記：論出身：人家祖、父、叔輩均爲大將軍，出身貴族，有著一套良好的軍政傳承。人多勢衆，猛將如雲，良相相佐，美姬相隨。

劉：而我呢？

記：一個沒見過世面的農村浪蕩子，混吃、混喝、混色；直到三十歲才混得一個小亭長，騙得一個老婆。

劉：論武功？

記：人家孔武有力、氣吞山河，精於騎射，身經大小七十餘戰，戰無不勝，攻無不克。

劉：而我呢？

記：論力氣只能趁酒醉斬白蛇，不通騎射，連逃命時都只能坐馬車。

劉：可是最後畢竟是我贏了，我榮登九五之尊，開創大漢帝國；他卻在「天亡我也」的怨詞下，衆叛親離，自殺身亡，五馬分屍地結束了他短暫的一生。

記：歷史的事實是殘酷的。

劉：對！它只問成敗的結果，不問榮辱的過程。

記：撫今思昔，您是否願意將您成功之處，予後人分享。

劉：首先我想問您的：是政治領導軍事？還是軍事領導政治？

記：當然是政治領導軍事，我只聽過「政治掛帥」，從未聽過「軍事掛帥」。

劉：項羽雖然有良相（范增、陳平）、良輔（項伯、項莊等項家班），還有猛將如雲（黥布、蒲將軍、張耳、田安、章邯、司馬欣、董翳、臧榮……）；但他們卻各自爲政，沒有團隊精神，只曉得逞一己之勇。

記：您呢？

劉：有個小小的沛縣縣吏政治班底，以蕭何、曹參爲中心的「縣府團隊」，麻雀雖小，卻也五臟俱全。

記：換句話說項將軍打的是軍事運動戰，您打的是政治總體戰。

劉：對！對！運籌帷幄之中，決勝於千里之外的「謀略戰」是張良；充實內府、安定民生、調配軍需、供應補給的「後勤戰」是蕭何；率百萬大軍，衝鋒陷陣的「運動戰」有韓信；當然我還有心理戰（四面楚歌）、間諜戰（田父、烏江亭長）、反間諜戰（陳平、項伯）與遊擊戰（彭越）……。

記：也就是說：這一場戰爭，一個是逞一己血氣之勇，只講戰術不講戰略。

劉：我是全方位、多功能的戰鬥，不強調個人戰術，特別強調整體戰略。

記：至於人才方面呢！

劉：項羽用人格局太小。

記：怎麼說？

劉：「非諸項不能用。」而且各有山頭。

記：怎麼個山頭主義？

劉：項伯竟然和張良相勾結，焉得不敗？

記：您如何用人才？

劉：只要是人才，不論出身，即使是屠狗殺豬之輩，甚而販夫走卒之徒，都在我網羅之列，因而陣營廣闊，人才萃集。

成就是單方面．成功是多方面

記：您們兩人的基本意識形態，有無不同？

劉：基本上，他是個「復仇主義者」，以燒、殺來報復秦的苛政，因而形成「以暴易暴」的局面，人民怨聲載道。

記：您呢？

劉：基本上我是個「解放主義者」。「約法三章」予民紓困，有功必賞，有爵必封。

記：您們兩人在政治理念上有何不同？

劉：項羽昧於時代的演進，仍想回味封建餘韻；我則已領略到統一帝國中央集權時代的到臨。

記：年齡有沒有關係？

劉：當然有關係。項羽在我看來，只不過是個充滿霸氣、豪情、天真、至性的大孩子，他有太多的熱情與感性。

記：當然鬥不過老謀深算的「沛縣集團」。

劉：基本上我是較冷靜而理性。

記：冷靜、理性得必要時連父母、老婆、子女都可以棄之不顧？

劉：「大行不顧細謹，大禮不辭小讓」，非常之人，方有非常之事功。

記：不過後來您也得到報應了。

劉：何以見得。

記：您那惡婆娘呂雉號野雞的，生性嫉妒，在您生前，大唱「怨婦吟」、「冷宮調」；等您死了之後，把您最美麗、最溫柔、最心愛的戚夫人……。

劉：她把戚夫人怎樣？

記：剁去手腳、挖眼珠子、熏灼耳朵，再給她喝瘖瘂藥，丟在糞坑中。

劉：可惡的婆娘！令人生厭的「大嘴巴女人」ＢＭＷ。

記：她還把您最喜歡、長得最像您的王子如意毒死。

劉：可恨的國際大嘴巴ＩＢＭ。當時我沒有堅持改立如意爲太子，是我終生之痛。

記：還有呢！

劉：我那爲人仁弱的太子劉盈呢？

記：劉盈後來雖然即位爲惠帝，最後在呂后挾持下，在位七年，年方二十三，被逼瘋至死。

劉：以後呢？

記：由呂后臨朝執政八年，她先後逼死劉如意、劉友、劉恢三個趙王，改封呂祿爲趙王；廢掉燕王劉建，改封呂通爲燕王；另封呂台爲呂王、呂產爲梁王……。

劉：想不到我當年鑄白馬爲誓：「非劉氏而王者，天下共誅之！」不到十年竟全然易色。

記：呂后除了封上述四王外，又繼封六侯。

劉：是那六侯？

記：封呂種爲沛侯，呂平爲扶柳侯，呂嬃爲臨光侯，呂他爲俞侯，呂更始爲贅其侯，呂忿爲呂城侯。

劉：呂后囂張到這個程度，我那些顧命大臣呢？

記：顧命大臣右丞相陳平、太尉周勃爲保衛劉氏江山，自然形成一個「大臣集團」，聯合朱虛侯劉章等「宗室集團」，以對抗呂氏爲中心的

「外戚集團」，鬥爭不已。

劉：哇！我好命苦哦！一生辛苦奮戰而來的一統江山，竟然形成「三黨不過半」的鬥爭局面。

記：怎麼說？

劉：項羽死時雖然身首異處，但至少還有生死相許的虞姬相侍、相依，還有名駒烏騅相伴、相隨，而我呢？妻離子散，嗚！嗚！

記：你活該！

——二〇〇〇．七刊於《國文天地》一八二期——

美人·名駒·英雄

～項羽訪問記～

倘若吾人不以成敗論英雄，純就爭戰論軍事，項羽實在是個最可愛、最爽快的軍人。他學書、學劍不成，去而學兵。即使讀兵法，也是淺嘗即止，略知其意即可。在短短八年中，他歷經大小七十二戰，戰無不勝，攻無不克。即使在「垓下之圍」，也僅以二十八騎衝刺，令數千漢軍為之披靡。可見他除了具有高度智慧外，更是個軍事天才；他信守鴻溝之約，提兵東歸，足見其君子之誠信；鴻門宴中不殺劉邦，也不罪及無辜，足見他的仁道；鉅鹿救趙之戰，項羽以破釜沈舟之勢，以一當十，大破秦軍，足見其勇；他滅秦後，存亡繼絕，分封並恢復六國諸侯舊疆土，甚至連秦國的土地仍然封給秦朝的三個降將，足見其嚴守分際。他智、信、仁、勇、嚴五（武）德俱備，歷史上無出其右者。今天讓我們一訪項將軍，看他有什麼話要說。

學書、學劍不成，去而學兵

記：項將軍您好！

項：敗軍之將不可言勇，負國之臣不可言忠。事至如今，有什麼好訪問的？

記：不！我們要訪問您。您雖敗猶榮，不像劉邦那樣以臉皮厚、心黑、「小人步數」得天下。

項：可是他究竟榮登九五之尊，開創前、後漢四百年帝王大業；而我卻身首異處，五馬分屍。嗚……。

記：您死得壯烈，令人喝采；而劉邦雖贏得天下，但接著「六國之爭」、「諸呂之禍」與「七國之亂」，釀成骨肉相殘的局面。其結局，相形之下，好不到那裡去。

項：唉！政治真是可怕，權力足以將人毀滅。

記：當初要是您不去爭奪天下，有名駒相隨，美姬相侍，遨遊天下，然後再生一打孩子，各有成就，豈不羨煞人也。

項：當初分封天下後，我回彭城故鄉，就是有這個打算。哪曉得人在江湖身不由己，如今驀然回首已是百年身，往事哪堪回首啊！

記：首先請您自我介紹一下家世如何？

項：我姓項、名籍、字子羽，江蘇宿遷人。

記：您的姓名，可有來歷典故？

項：我的祖先世世代代爲楚將，被封於項（今河南項城），因以「項」爲氏。

記：那「籍」與「子羽」可有什麼關聯？

項：籍是名聲響亮之意，子羽意即響亮的名聲，希望像羽毛一樣快速的傳播。

記：「名」「字」同訓，互爲表裡。

項：不錯。

記：那您小時候的生活情形如何？

項：我自幼喪父。秦王政二十三年（西元前二二四年）秦將王翦滅楚，虜楚王。我祖父項燕乃楚國大將，在淮南另立昌平君爲楚王，後被圍自殺身亡。

記：您有一個悲慘而孤獨的童年，是誰把您「拉拔」長大的？

項：是我季父項梁把我一手帶大的。我小時候好玩，不喜歡讀書。

記：您季父不教您讀書？

項：有啊！可是我讀了幾天就不讀了。

記：爲什麼？

項：讀書有屁用！只要會書寫自個兒的姓名就夠了！

記：您該是個「學歷無用論」的信仰者。

項：本來嘛！百無一用是書生。

記：如果您出生於現代，當電影明星最好不過。

項：爲什麼？

記：現代很多電影明星，每天只練習寫他（她）的名字……。

項：幹嘛？

記：給影迷簽名就夠了。

項：我季父心想我大概不是塊讀書的料，於是教我劍法。

記：您比較喜歡劍法？

項：對！我很高興、很認眞的學劍法。

記：學了多久？

項：學沒多久又不學了。

記：爲什麼？

項：劍法是一人敵的武術，我不屑學；兵法，萬人敵才値得學。

記：於是您的季父就改教您兵法。

項：我很高興的學了一陣子，又不想學了。

記：您眞是個急性子、又沒耐心的人。

項：這也就注定了我會敗給劉邦。

記：您先前說您是江蘇人，怎麼叔姪二人跑到江南會稽去了呢？

項：因爲我季父殺了人，爲了逃避仇家，所以才逃到會稽去的。

初見始皇，立志取代

記：說說在會稽的童年往事。

項：我小時候既不愛讀書，也不愛學劍，學兵法也有始無終。

記：常在街上遊蕩，當「街長」？

項：我勇健高大、孔武有力、力能扛鼎，加上我季父慷慨好義，樂於助人，所以叔姪兩人，很受人尊敬。自有一般名流、紳士、豪傑，聚集左右，形成一股無形的力量。

記：您這青少年的日子，過得瀟灑又快樂！

項：直到秦王政三十七年（西元前二一〇年），秦始皇東巡，來到會稽。

記：秦始皇出巡的儀隊一定很壯觀吧！

項：前頭有騎著「哈雷」機車的騎士隊做前導，接著有三十六輛「凱迪拉克」轎車車隊，每個車中都坐著一位像秦始皇的人物，而其中只有一個是真的秦始皇。後面還有「大安警官隊」、保一總隊，浩浩蕩蕩，有如七爺、八爺出巡一般。

記：幹嘛！擺闊還是窮騷包。

項：兩者都有，加上始皇怕人暗殺他。

記：他的警官隊是否以代號相稱？

項：對！有時叫「大安」，忽而叫「敦化」，偶爾叫「敦南」，視地而定，因人而異。

記：難怪張良跟大鐵椎兩人在博浪沙的狙擊，只擊中副車，没有傷到秦始皇。

項：秦始皇到會稽巡行那天，我和季父正好在街上。

記：你們一律跪著俯首，恭迎他，爲他造勢……

項：我看不慣！不經意的呸了他一口：「彼可取而代也。」

記：這還了得！不怕腦袋搬家！

項：我季父嚇得一身是汗，趕緊捂住我的嘴，說：「不要亂講，會全家抄斬的。」

會稽起義，勢如破竹

記：那年您才二十二歲，就已立志取代秦始皇。

項：從此我季父對我另眼相看。

記：有道是「英雄何必讀書史」，他已經看出您前途不可限量。

項：有那麼一點點感覺。

記：秦二世元年（西元前二〇九年）陳勝與吳廣在蘄春縣大澤鄉（今安徽宿縣）率九百戍卒揭竿起義，攻城掠地；六國之後，紛紛起兵響應，這時候您叔姪兩人還住在會稽？

項：兩個月後起義風潮延及會稽，會稽郡守殷通見秦朝大勢已去，召我季父商議，計畫聚衆自保。

記：怎麼個商議法？

項：殷通說：「長江以西（今安徽省大部、江西省小部）紛紛叛秦，我聽說先發制人者制人，後動手者受制於人，我想起義革命，爲了名正言順，準備派你及楚國將領出兵北伐。」

記：就這樣出兵了？

項：我季父說，楚國的將領只有項籍知道在哪裡，別人都不知道，請派項籍去聯絡。

記：郡守立刻召見您？

項：我進入郡守辦公室後，季父對我使了一個眼色，我拔劍把郡守的腦袋砍了下來……。

記：就憑您那種「彼可取而代也」的雄心壯志，您叔姪二人絕不甘心處於他人之下的。

項：我季父左手持殷通人頭，右手佩郡守印綬，大聲宣布：「從今起，我就是會稽郡守。」

記：您們這種犯上的舉動，沒人抗議？

項：衆人大驚，騷擾紛紛，吵鬧不休，我立刻擊殺百把個人。

記：這下大家才鴉雀無聲。

項：我季父除了自立爲郡守外，凡是當地的士、紳、豪、傑，都各別被任命派職爲校尉、侯、司馬等官。

記：這叫見者有份，有福共享，那您呢？

項：當然少不了我，任我爲副將。

記：然後您就渡江北討？

項：我先把吳中（現今蘇州地方）附近各縣統一，得子弟兵八千人，渡江後一路向北進發。

記：沿途可有遭遇到大的阻力？

項：北上一路勢如破竹，凡江北已舉兵起事諸人，包括黥布、劉邦（沛公）、張良及范增等十餘股武裝力量均來投靠，總兵力達六、七萬人。

記：這時東南方的諸侯均歸屬於您叔姪麾下，還有其他的諸侯呢？

項：等到二世皇帝二年九月，秦將章邯率軍出函谷關，大軍所至，陳勝、吳廣、田儋等紛紛敗死，連我季父項梁亦在定陶戰死。趙軍退保鉅鹿，章邯的副將王離等率兵十萬將鉅鹿團團圍住。

記：這時諸侯各軍，勢必前去解鉅鹿之圍。

項：對！此時楚懷王派宋義爲上將軍、我爲次將、范增爲末將，北上救趙；另遣劉邦領軍一支，西進關中，並與諸將約定「先入定關中者王之」。

破斧沈舟，一舉成名

記：後來呢？

項：宋義行軍至安陽地方，即按兵不動，心存觀望，達四十六天之久。

記：他爲什麼要這樣做？

項：第一，天寒大雨，不利於行軍作戰；第二，觀望秦軍攻趙，待其兩疲，一舉而攻克之。

記：但是師老力竭，糧食不繼，更是隱憂。

項：我對宋義屢諫不聽，最後闖進帳中，殺死宋義，提頭號令軍中，說宋義謀反伏誅，便自爲上將軍，統軍出發。

記：您真是藝高膽大，敢作敢當。

項：「不入虎穴焉得虎子」，反正「等待即是死亡，危機或是轉機」。

記：信心最爲重要！有時精神力量可以超越一切。

項：我令二萬兵先行渡河，用以狙擊秦軍的增援；其餘的四、五萬人在渡過漳河之後，擊沈渡船，打破鍋爐，燒毀營舍，只帶了三天乾糧，以示無後退之路。

記：置之死地而後生啊！

項：我的士兵奮勇前進，把秦軍擊潰，活捉王離，解鉅鹿之圍。

記：這下您一戰功成，勇猛無比，讓那些作壁上觀的諸侯羞愧無比。

項：事後我在帳中接見諸侯各路將領，他們走進轅門，一個個膝行而前，不敢仰視，只有高呼萬歲的份兒。

記：哇！真的很神氣誒！

項：我立刻成爲諸侯六國聯軍統帥，接著便西向咸陽進軍。

記：聽說您在新安城外將秦的降卒二十萬人全部坑殺，「殺俘不祥」

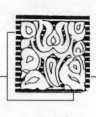

並為一大忌諱，您為什麼這麼做？

項：我這六十萬大軍，真正隸屬於我的嫡系部隊只有十萬人，其餘全是諸侯雜牌兵。越到秦地，軍心越不穩，到了函谷關附近，只好坑殺之。

記：您這樣太不人道，會失去民心，是敗軍的徵兆。

項：我也是不得已的！

記：最後您勢如長河般的進到咸陽？

項：我救趙、攻城、掠地、坑卒……。自是一番長途跋涉，餐風露宿，好不容易的到達函谷關，才發現劉邦已先我入關二個月，並派兵把守函谷關……。

記：真是豈有此理，您從（黃）河北一路與秦的主力血戰，劉邦卻從（黃）河南，一路未遇勁敵，輕鬆的進入咸陽，反而先入為主，命運還真是作弄人，實在不公！

項：他也不想想看，他那五千兵卒，還是我季父調撥給他的。

記：所以您特別火大！

項：我一怒之下，下令當陽君英布攻下函谷關，紮營在戲水西岸，準備明日犒賞士卒，擊破劉邦全軍。

宴無好宴？鴻門之宴！

記：您第二天就把劉邦的陣地踩個稀爛？

項：哪有？

記：爲什麼沒有？

項：我的一個叫項伯的季父，跟張良是生死交，當夜跑到劉邦軍營內通風報信，要張良趕快跑，免得與劉邦一起送死。

記：結果呢？

項：張良不肯棄劉邦而去，反而引項伯去見劉邦？

記：劉邦怎麼說？

項：劉邦用其三寸不爛之舌，一會兒說他入關後，封府庫財寶，絲毫不敢動，只待項王前來接收，從來不敢違背項王的意思；一會兒又要跟我季父結兒女親家。

記：聽了幾句奉承話，就饒了劉邦。

項：第二天劉邦率領百餘騎前來謝罪。來者是客，我只好擺了豐盛的宴席款待他們。

記：這就是鼎鼎有名的「鴻門宴」。

項：對！

記：爲什麼人們總說：「宴無好宴——鴻門宴」。

項：原先范增和我設計好，要在宴會上殺掉劉邦的。我是佩了劍參加宴會的，而且在宴會中范增三次向我暗示殺他。

記：可是爲什麼始終不動手？

項：我想打仗歸打仗，吃飯歸吃飯，總不能混爲一談；何況人家是專程前來謝罪的，我設宴原也是以禮待之，怎可流血五步呢？

記：您可曾記得馬凱維利說過一的句名言：「對敵人的仁慈就是對自己的殘忍。」

項：我才不管什麼馬凱維利或牛凱維利，我總覺得做人應有做人的道理。

記：范增坐在您左手邊没出別的主意？

項：他急得不得了，出了帳門召我的堂弟項莊進來。

記：項莊進來幹什麼，來唱卡拉OK嗎？

項：項莊進來後分別爲二位主帥敬酒，敬完酒後說：「君王與沛公飲，軍中無以爲樂，請以劍舞……。」

記：這就是「項莊舞劍志在沛公」了。

項：我想這樣也好，讓劉邦死在項莊劍下，也就不反對。

記：結果還是沒能殺掉沛公？

項：那曉得項伯也起來對舞，說是一人舞劍不如兩人舞，特意以身子護著沛公，使得項莊下不了手。

記：這項伯真是「漢」奸！後來呢？

項：劉邦藉著「尿遁」，抄小路跑回他的營地去了。

記：這下應了俗諺：「縱虎歸山，後患無窮」，最後的殘局如何收拾的？

項：張良代劉邦向我告罪，說沛公不勝酒力先回去了，並且送我白璧一雙，送給亞父范增玉斗一對。

記：您很高興的收了，而亞父呢？

項：他當場用劍把玉斗擊個粉碎，然後狠狠的說：「沒出息的小孩子，將來奪項王天下的，一定是沛公，我們都會成爲他的俘虜。」

記：人說：「宴無好宴，鴻門之宴。」這是對閣下而言嗎？

項：是，但對劉邦而言，卻是個大大好宴！

西楚霸王，大赦天下

記：爲什麼？
項：由於「鴻門宴」，沛公和我之間，通過協商有了交集。
記：什麼樣的交集？
項：過了幾日，讓我「和平解放」了咸陽。
記：既然是和平解放，爲什麼又大肆燒殺？
項：基本上我是個復仇、復國與復舊主義者。
記：所以您殺秦始皇的孫子──秦王子嬰，把關中土地分封給秦國三降將。
項：宮中的珍寶、奇貨、婦女，都是秦始皇搜刮而來，因而載之東歸。
記：聽說火焚阿房宮，三月不熄。
項：因爲阿房宮的富麗是代表秦始皇的暴虐，非燒不可，以洩民憤而快人心。

記：您有沒有想過，那些終究是國家的資產，人民的血汗。

項：顧不了那麼多了！

記：您如何復舊？

項：除了在秦地封了三王外，其餘的燕、趙、韓、魏、齊五國均就地恢復，我自立爲西楚霸王，建都於彭城（今江蘇省徐州市）。

記：關中平原，土地肥沃，物產豐富。東有函谷、南有武關、西有散關、北有蕭關，易守難攻，足可爲王稱霸，何必跑到兵家必爭之地而又無險可守的彭城。

項：富貴而不回故鄉「炫」一番，有如錦衣夜行，有誰知道？

記：我看您不怕被人笑，思想卻幼稚得像幼兒一樣？

項：誰教我小時候不讀書。

記：您還封了些什麼王？

項：沛公先入關，當然要封王。

記：封他爲漢王？

項：封他在漢中（今陝西省漢中市）都南鄭，所以稱漢王。其餘將領也都各別封王。

記：從此天下太平相安無事，您可以在故鄉彭城，美人、名駒相侍相伴，高枕無憂了。

項：那曉得事與願違，被封的十八個王大多心存不滿，埋怨連連。

記：他們有什麼好抱怨的？

項：他們最不滿的是秦國的三個降將，竟然封在關中京畿之地。

記：其實加速秦朝的滅亡，第一功臣是秦降將章邯以及他的部下司馬欣和董翳。

項：第二個不滿的是劉邦，被封在比較偏僻的陝南、巴蜀。怪我沒有遵守「先破秦入咸陽者王之」的約定。

記：哪有這回事！「鴻門宴」已夠便宜他了。對了！鴻門宴時未能殺掉劉邦，您是不是很後悔？

項：沒有後悔。當兩軍相搏，格殺勿論，不在話下。但在宴會中襲擊，殺之無名，勝之不武，豈是我西楚霸王所作所爲。

記：好！不失英雄本色。還有第三個不滿是什麼？

項：將原已稱王的五國諸侯封在偏遠之地，而且領地比先前小多了；原先五國諸侯的部將隨我入關的將領，不但封王，而且領地較大。

記：論功行賞，有什麼不對？沒有戰功的諸侯，只好「看人吃肉，自己喝湯」了。那第四個不滿呢？

項：遷義帝於湖南彬縣。

記：當初您叔姪倆在會稽起兵時，就不該找那個牧羊兒名「心」的，立爲楚懷王，後又尊爲義帝。

項：還不是爲了順應民心，因他是楚懷王的孫兒。

記：其實以您叔姪兩人的資望就夠了，革命大業，乃霹靂事業，必有非常之破壞與非常之建設。既然要革命就不要忸怩作態，大大方方的自己稱孤道寡。

項：當時我們都沒想到！

記：不可否認的，您叔姪兩人甚至連范增都是封建制度下的產物，結果從此天下匈匈五年之久？

項：最初抗命的是東方齊國。因爲，我把原來的齊王田市封在即墨是爲膠東王，封齊將田都到臨菑爲齊王，然後又封隨我入關的田安爲濟北王於博陽。

記：這就是所謂的「三齊王」。

項：田市的叔叔田榮不服，先殺田市，擊走田都，殺了田安，自立爲齊王，統有三齊地。

記：北方的趙國如何？

項：我立原爲趙相而後跟我入關的張耳爲「常山王」，領有趙國原有大部分土地。遷原先的趙王趙歇到代郡，是爲代王。有個叫陳餘的，自以爲勞苦功高，未封王只封君，不服，趕走張耳自立爲代王，擁立趙歇爲趙王。

記：這下東北方天下大亂了！

項：還有被封爲漢王的沛公，始終不服，暗渡陳倉，滅掉關中三秦王。

記：於是西線又有戰事了。

項：我就這樣東西戰場，往來奔波了四年，軍力消耗殆盡，最後才有「垓下之圍」。

戰略失誤，戰術無奈

記：您身爲西楚霸王，當有天下定於一尊之勢，奈何最後變成衆矢之的呢？

項：連年爭戰，殺戮過甚，以致成爲衆矢之的，陷入四面作戰的不利形勢。

記：當時的情況如何？

項：韓信出井陘，滅趙、破齊、降燕，雄據黃河以北，形成北方的大包圍；彭越捲土重來，再入梁地，游擊於山東，切斷我的補給線；黥布又在我後方作亂……。最後，我的軍師范增中了漢王離間之計，棄我而去。

記：屋漏偏逢連夜雨，那漢王呢？

項：劉邦以三河（河內：今河南省北部；河南：今河南省；河東：今山西省）爲外庫，補充兵源；以巴蜀爲內府，解決給養。據有關中膏腴之地，財力雄厚。而且張良專攻計謀，蕭何擅於供輸，韓信長於用兵。

記：就此看來，在戰略上您處於十分劣勢，而漢王則占了絕對的優勢。

項：我很想用「閃電」戰術來彌補戰略上的缺失，以求速戰速決，消滅劉邦。

記：漢王都用「談談打打」、「打打談談」，甚至「單打雙不打」的持久戰略來拖垮您。

項：有一次我直接用「熱線（Hot Line）」，對劉邦喊話：「天下匈匈數歲者，徒以吾兩人耳。願與漢王挑戰決雌雄，毋徒苦天下之民父子母也。」

記：他可有「善意的」回應？

項：他說：「吾寧鬥智，不能鬥力。」

記：好一個鬥智不鬥力，您根本不是他的對手。

項：又有一次我抓到漢王的父親，把他架在一個高台上，對著劉邦說，再不投降，就把太公（劉邦的爹）剁成肉末，煮成肉羹湯。

記：於是劉邦放下武器投降了？

項：這個禽獸不如的傢伙，竟然喪心病狂的對我說：「我倆當初約為兄弟，我爹就是你爹，你爹就是我爹，肉羹湯若有剩的話，何不分我一杯？」

記：依您的火爆脾氣，聽了之後，一定把他碎屍萬段、剁成肉醬。

項：沒有，我把他放了！

記：真出乎意料之外，為什麼？

項：劉邦小人，懶得跟他計較，何況兒子之罪不應牽及父親。

記：您真是光明磊落的大英雄，所以警察大學也不該因爲父親的「身家清白」，影響到子女的身上；同樣的，父祖的榮華富貴，亦不應「傳承」到子女身上。

四面處歌，垓下之圍

項：張良真是個一等一的計謀人才。

記：怎麼個厲害法？

項：那時候我的軍隊駐紮在垓下，兵少食盡，而漢軍及諸侯兵越圍越多……。

記：這種場面您也不在意，看多了。

項：有一天半夜裡，張良教漢兵唱起楚歌來。

記：這種「夜半歌聲」很恐怖。

項：我當下嚇了一跳，以爲漢軍已把我後方的楚地全攻占了。而我的士兵，聽到四周唱楚歌，都因想家紛紛逃亡。

記：這是心理戰，足可瓦解您的士氣。

項：我在帳中被吵得睡不著，面對著美人虞姬、名駒烏騅，借酒澆愁而舞劍高歌：「力拔山兮氣蓋世，時不利兮騅不逝；騅不逝兮可奈何？虞兮虞兮奈若何？」

記：爲什麼說：虞兮！虞兮！妳怎麼辦？

項：我已決定爲戰爭而捐軀在沙場，但最放心不下的是我的名駒和美人。

記：名駒您可以送人！

項：但美人不能送人，也不願她落入劉邦之手，當然我也不能要她陪我送死。

記：您真是視死如歸的英雄，而且還爲心愛的美人與心愛的名駒安排一場能夠接受的「安樂死」。

項：虞姬當場也流著淚唱和著：「漢兵已略地，四面楚歌聲，大王意氣盡，賤妾何偷生？」

記：她自殺了！

項：對！

記：這下您已無後顧之憂了。

項：當夜我和部下八百人突圍而出。直到天明，漢軍才發現我早已突圍而去。

記：您的神勇真是氣蓋世，無人可比！

項：天明之後，灌嬰以五千餘騎追我。

記：有沒有追到？

項：那是不可能的！我隨馬徒手過淮河，還有一百多名部下跟著我。

記：渡過淮河以後呢？

項：馳騁到一個叫陰陵的地方，迷失了方向……。

記：人地生疏，總是免不了的，結果呢？

項：下馬問一個正在鋤地的農夫，他往左邊一指……。

記：您擺脫了漢軍的追逐？

項：不！一百多人全陷入一個流沙地，動彈不得，被漢軍一一捉住……。

記：以致全軍覆沒。

項：只逃出二十八騎，損失很慘重。

記：這農夫跟您無怨無仇，爲什麼要陷您於絕路？

項：也許我殺人太多，失去民心……？也許他的子女死於戰爭？也許……。

記：您想一想，假如兩軍對壘，槍林彈雨中正在火拚；您如果是個農夫的話，會在這個節骨眼上跑去耕田除草。

項：我躲都來不及了，還跑到田裡工作？

記：而這個農夫卻一反常態，從容的在田間工作，無視於生命危險，是不是很不正常？

項：您的意思是說，他是劉邦派來的間諜。

記：對！您是中了他的間諜計。

項：還有這種事？我想都沒有想過。

記：後來您這二十八騎，跑到什麼地方？

項：我們跑到東城的一個高地，向下一望，四周密密麻麻的漢兵四、五千人把我們團團圍住。

記：您臨危不亂。

項：爲了證明我是天下第一英雄，雖千軍萬馬，卻没有人能夠抓得住我，我做了一次「告別演出」。

記：怎麼表演？

項：我把二十八個騎兵，分四隊向四個方向俯衝……。然後在對面東邊的山上分三處集合，讓對方不知我在那裡。

記：您這一衝又殺死許多漢兵？

項：莫說殺死漢兵數百人，將軍都被我砍了好多個。

記：而您的兵馬損失多少？

項：才折損二員。

記：所向披靡，常勝將軍當之無愧。佩服！佩服！

項：後來我們二十六騎跑到烏江邊，正準備單騎過河時，忽然……。

記：忽然怎樣？

項：見到烏江老亭長，正好划了一條小船過來，對我說：「江東雖小，地方千里，衆數十萬，亦足王也。願大王急渡。今獨臣有船，漢軍至，無以渡。」

記：您立刻上船過渡？

項：就算沒有船，我抓著馬尾，也可以過渡。聽了他的話我反而不想渡了。

記：爲什麼？

項：你想想看，一個赫赫威名的西楚霸王，竟然可憐到讓一個小亭長來救我。

記：您拒絕了？

項：這是天亡我也，我爲什麼要渡河。再說當年我帶著江東八千子弟西征，今天竟落到只剩下我一人，愧煞我也！縱使江東父老憐憫我，願意再度擁我爲王，就算他們嘴裡不說，難道我不慚愧嗎？

記：大王，您又中計了，那個亭長原是沛公的老同事，他故意在這個時候出現，激激您，讓您放棄過渡。

項：真的會是這樣嗎？

記：您是個吃軟不吃硬的傢伙，所以沛公要用這種方法對付您。

項：我還把寶馬送給亭長，我的部下見我没馬騎，大家也都不騎馬。

記：與漢軍短兵相接？

項：我們徒步與騎兵作戰，還把漢軍的騎兵砍死了好幾百人，我也身中十餘處傷。

記：天下之至勇，也不過如此而已。

項：我回頭看見爲首追我的一員漢將，竟然是背叛我的舊部屬。

記：誰？

項：呂馬童！我對他說：「你不是我的老朋友呂馬童嗎？」

記：呂馬童作何反應？

項：他遮著半邊臉，告訴另外一位將軍王翳說：「這就是項王！」

記：呂馬童總算還有一點廉恥心，下不了手親自抓您。

項：我一看這情況，不免感慨萬千說：「我聽說漢王獎千金、封萬戶，懸賞我的腦袋，我就成全你們吧！」

記：您不是被抓、被殺的？

項：我自己砍腦袋自殺而死！王翳像足球守門員似的，搶到我的頭顱，其餘呂馬童、楊喜、楊武、呂勝四人一擁而上，砍我剁我的遺體，每人得一肢，回去受獎受封！

記：這真是個「五虎撲羔羊」的殘忍叢林法則，大王您太厚道、太便宜他們了。

項：嗚！……

後記

一個年方二十四歲，出身貴族，具有楚人浪漫氣息與紳士風度，逞一己戰術之勇，一心只想復仇與復舊，剛愎自用、率性獨行，而不講求宏觀戰略。遇到一個年近半百，歷盡風霜，從基層亭長幹起，處處投民所好，「民之所欲，長在我心」，加上蕭何、張良、韓信三傑的襄助，相較之下，其成敗興亡，立竿見影。

「萬般皆下品，唯有讀書高」，假若輕狂年少的項羽，能折節讀書，飽讀詩史，則又另當別論；那絕不是以儒冠當夜壺的劉邦，所可匹敵的。

歷史的巨輪不斷地重複展現，身爲五星上將，擁兵六百萬，列名世界四强元首之一，竟然鬥不過一個手無寸鐵，一身儒酸窮臭的文弱書生，這也是另一種「此天之亡我，非戰之罪也」的推託之詞；其關鍵端在：一個至少讀過《資治通鑑》、《三國演義》、《水滸傳》、《西廂記》、《金瓶梅》……等通俗演義而能活用；另一個則囫圇吞棗地讀了部《綱鑑易知錄》、《陽明傳習錄》。雖不致烏江自刎，卻也十足的「淚灑台海」。

——二〇〇〇．九刊於《火炬》二卷十二期——

飛鳥盡良弓藏．狡兔死走狗烹

～韓信訪問記～

張良、蕭何、韓信，乃漢初三傑，而其中衝鋒陷陣，親自帶兵決勝負於疆場之上的是淮陰侯韓信。漢高祖劉邦自云：「連兵百萬，戰必勝，攻必取，吾不如韓信」；留侯張良亦說：「漢王之將，獨韓信可屬大事，當一面。」相國蕭何更說：「諸將易得耳。至如信者，國士無雙……必欲爭天下，非信無所與計事者。」甚至連韓信也自以為帶兵領軍之數，「多多而益善」。得意之狀，溢於言表。「人生難得少年貧」，的確，貧困可以磨練意志，淬勵奮發，鑄成大器，成為漢高祖麾下的大將軍；但又由於功成後得意忘形，犯了功高震主而不自知的毛病，以至遭受身首異處，夷三族的悲慘命運。

「狡兔死，走狗烹；高鳥盡，良弓藏；敵國破，謀臣亡」這是千古不滅的定律。寄語各方「功狗」，記取淮陰侯韓信的教訓，不妨學學陶朱公范蠡、留侯張子房，庶幾可以保命於太平之世（而非亂世），安享血食之祚。

今天讓記者一訪淮陰侯韓信先生，他「有話要說！」

人生難得少年貧

記：韓信先生，您好！請接受記者的訪問。

信：從何說起呢？

記：就從您小時候說起。

信：我是楚州淮陰人（今江蘇省淮安市），自幼喪父，家境十分貧窮，到了無以爲生的地步。

記：因此，您只好到處流浪。

信：是啊！有一頓沒一頓的到親戚、朋友家去討生活。

記：在我的想像中，您除了沒有公開伸手向路人乞討，以及用拳頭威脅白吃、白喝外，實際上已經跟現在的乞丐、流氓差不多了。

信：親友們在背地都討厭我，已到了：「我呸！你呸！他呸呸！」的地步。

記：還記得當時的情景？

信：記得有一次，我在淮陰縣南昌亭長家搭伙。

記：多久？

信：好幾個月之久。

記：有没有給伙食費？

信：那有什麼伙食費，只是替他們家打打雜、做做零工，換口飯吃罷了。

記：您這行爲既不是乞丐，也不是流氓，而是無賴，結果他們怎麼對付您？

信：亭長太太尤其討厭我，於是一大早摸黑就煮早飯吃了，晚上到就寢時才煮晚飯。

記：擺明著就是不讓您有飯吃。

信：有時候我也一大早趕去，見他們正在吃早餐，她也不替我擺一付碗筷。

記：這麼可惡？

信：這也難怪，誰叫我一文不名。

記：最後呢？

信：我一氣之下跑了。

記：跑那兒去？

信：到處流浪，常到護城河下釣魚。

記：您這時候還有閒情逸致柳下垂釣？

信：釣魚是為了填飽肚子啊！

記：萬一沒釣到魚呢？

信：人到倒霉時，連魚兒都不上鈎。

記：越急越釣不到魚，越釣不到魚，心頭越急，肚子就越餓。

信：有時餓得天昏地暗，連在附近漂洗衣物的婦女，看了都覺得我好可憐。

記：於是她把帶來的肉粽、便當分您一半吃？

信：一連好幾十天。

記：她怎麼有這麼多的衣物可洗，而且洗整天的。

信：她是紡織染整廠的女工，專門漂洗染整後的棉紗、棉布。

記：她救您一命，使您免於凍餓。

信：我在她面前發誓，將來會好好地報答她的恩情；她竟然說，誰希罕你報答，看你這麼大個兒，竟然流落到沒飯可吃的地步，實在可憐。

記：在這樣困苦的環境中，您有沒有怨歎？有沒有失志？

信：我仍然努力進修，勤練劍術，因爲我知道什麼都不可靠，只有自己最可靠。

忍人所不能忍的辱

記：聽說您雖然窮困潦倒、三餐不繼，但仍然佩劍在身，有武士的氣慨。

信：身爲一名武士，寶劍是我的第二生命，「劍不離手，手不離劍」是武士第一信條。

記：現在人不經意地在街上瞄人一眼，往往惹出殺身之禍；像您一個無賴漢，竟敢大模大樣的佩劍而行，不怕人家找碴？

信：正所謂「匹夫無罪，懷璧其罪」，有一天……。

記：出事了？

信：碰到一羣不良少年，其中有一個胖得像「小象隊」，是屠夫的兒子……。

記：好可怕噢！屠夫的兒子，雖不見得殺過豬，但至少他看過人殺豬。

信：那個屠夫的兒子，指著我的鼻子說：「阿信！看你人高馬大，一表人才，還佩劍在身，好像很勇敢的樣子；其實說穿了，你是金玉其外，敗絮其中，懦夫一個。」

記：他要怎樣？

信：他有意挑釁，指指他的胸口說：「有種就從我這裡刺進去，不然就從我們幾個人的褲襠下鑽過去！」

記：斯可忍，孰不可忍！您一劍把他刺死？

信：沒有，我趴下身低著頭，從他們的胯下匍匐而過。

記：他們有沒有大叫、大笑，笑你孬種。

信：他們盡情肆意地汙辱我，並且坐在我背上，還用兩腿挾我。有個旁觀的路人笑得竟然牙齒都笑掉！

記：幹嘛您不反抗？

信：心想我幹嘛跟這種人計較，爭好漢、逞英雄。

記：這口窩囊氣，怎麼出得了呵！

信：我如果一劍把屠夫的兒子刺死，他們絕不會饒我的，就算我把他們全部打敗刺死，最後我要不是殺人償命，說不定被判十五個死刑，要不就是逃亡。

記：所以您强忍下來了！

信：正所謂：「大丈夫能忍人所不能忍的辱，能吃人所不能吃的苦，敢說人所不敢說的話，願做人所不願做的事。」

帶劍從軍，投奔項梁

記：我就覺得奇怪，像您這麼相貌堂堂，一身武藝：劍術加上滿腹兵法，怎麼會淪落街頭，以乞食爲生呢！

信：由於家貧缺父蔭，以至做官無門，又不會經商種地，當然只有四處流浪。

記：也許您IQ比較高，人際關係的EQ比較差，像沛公劉邦就很會混：不過 Every dog has his days，天生我才必有用，總有翻身的一天。

信：秦二世元年（西元前二〇九年）陳勝、吳廣起義，天下大亂……。

記：這下您獻身的機會來了。

信：我帶劍投靠在鄰近武裝起義的項氏集團。

記：他們給您什麼職位？是將軍？還是侍郎？

信：哪有那麼「好康」的事？只是項羽帳下的一名執戟郎。

記：相當於警衛隊隊長，官位雖不大，但看有沒有發展前途？

信：常在項將軍左右，倒是真的。

記：那您大可找機會給他獻計、獻策。

信：項羽剛愎自用，聽不進去不說，還嫌我囉嗦。

記：時機未到，您也只好韜光養晦一番，以待來日了。

信：高祖元年（西元前二〇六年）秦亡，項羽自立爲西楚霸王並分封諸王，沛公被封爲漢王，帶兵三萬前去南鄭報到就職。

記：您的機會來了？

擇主而事，轉投漢王

信：人說：「良禽擇枝而棲，良臣擇主而事。」總要去碰碰運氣，所以就投靠漢王，到了南鄭。

記：漢王大大的重用您？

信：開玩笑！我既不是「國王的人馬」，也不是夫人跟前的寵信，他怎麼會重用我。他只任命我爲後勤連連長，專管糧食軍需的供應和分配。

記：那您不是很鬱卒嗎？幹後勤連連長，還不如原先的警衛連連長來得神氣。

信：所幸的是，我的頂頭上司——「聯勤總司令」蕭何非常欣賞我，我們之間職位雖然懸殊，但卻無話不談！

記：你們都談些什麼？

信：論天下大勢、用兵之道。

記：那您可走運了！

信：怎麼會？

記：蕭何是漢王的左右手，他們兩人的交情從沛縣就開始了。

信：他們兩個人，簡直是個生命共同體。

記：怎麼說？

信：沛公能娶到呂雉爲妻，全是蕭何的牽線加上「善意的僞裝」得到的。

記：有這等事？

信：有次呂公壽誕請宴，大夥兒去道賀，凡送禮一千錢以下者，只能坐堂下，一千錢以上者方可坐進客廳。

記：結果劉邦這小子也去了？

信：沛公一文不名，竟大言不慚地在進門受禮處高喊：「禮金萬錢」。

記：這下丟人丟到西班牙去了。

信：沛公臉皮之厚，是遠近聞名的。那曉得那天擔任總招待的蕭何竟也隨口唱和：「泗上亭長劉季禮金萬錢。」

記：沛公那天因而坐首席，有機會與呂公對談，作「第一類接觸」。呂公看上劉邦，因而許配女兒呂雉給他。

信：還有沛公當亭長時，每次解送繇役工到咸陽出差時，沛縣的官吏，按例每個單位致送程儀參佰錢，而蕭何獨送伍佰錢。

記：這簡直是「圖利他人」嘛！

信：蕭何對劉邦可說是長期投資，永續經營，才能形成「親密戰友、生死伙伴」的關係。

記：有眼光！那您的事呢？

信：蕭何雖然好幾次在漢王面前極力推薦我擔任將軍，但漢王卻無動於衷。

記：究竟您跟漢王又隔了一層。

信：最後我和蕭何只好演出一齣「蕭何月下追韓信」的歷史劇。

記：原來您從漢營出走，不是真心的。

信：這個您用肚臍眼想也知道。原先我在項羽帳中不得志，跳槽到漢營，雖然仍不如我意，但如果我再跑，要跑到那兒？

記：嘸魚蝦麥好！還不如在漢營。

設壇拜將，成也蕭何

信：有天半夜，蕭何把我叫醒，暗示我「走路」，二天後蕭何帶刀

「尋線」把我追回。

記：爲什麼叫「尋線」？

信：逃亡路線事先告訴了蕭何，不然萬一追 Lose 了怎麼辦？

記：高桿！高桿，佩服！佩服。

信：那二天蕭何不在漢王身邊，使得劉邦頓失依靠，有如失去左右手似的，焦急得不得了。

記：原來劉邦是個「飯包」，不可一日無蕭何。

信：漢王見蕭何回來後破口大罵蕭何：「別人跑了算了，連你這個『親密戰友』也跑了，我還有什麼好搞頭的。」

記：這個「劇本」，怎麼寫下去？

信：蕭何告訴漢王，這兩天費了九牛二虎之力，威迫利誘才把韓信追了回來。

記：沛公一定感到奇怪，每天有成千上百的士兵逃亡，累計至今，光將軍都跑掉十幾個，不去追，反而去追一個無名小連長。

信：蕭何告訴漢王説，像韓信這樣的軍事人才，天下無雙；大王如果胸中無大志，只想一輩子做個漢王，那就算了；如果想要統一天下，建立大帝國，非韓信不可。

記：漢王聽得進？

信：漢王說，那你去把他找來就是了。

記：劉邦是個粗人，向來傲慢無禮；「大有爲之君，必有不召之臣」，古有明訓，我想您不會讓他這麼便宜的就得到。

信：當然囉！蕭何告訴漢王，拜大將不能像差遣小孩子一樣地隨便行事。

記：要怎樣做呢？

信：漢王必須先齋戒三日，搭設「授將臺」，然後擇定吉日良辰，備三牲大禮，通告三軍將士。

記：一向傲慢無禮，不把人當人看的漢王肯嗎？

信：鬱卒漢中一世與統一江山稱帝，任選其一。

記：劉邦真是能伸能屈！

信：就這點來講，不愧爲大丈夫。

記：事先大家知不知道您會被封爲大將軍。

信：許多將軍都以爲自己會被授予大將，因而個個喜形於色，樂不可支。

記：結果大大地出人意料之外，竟然一個小小「後勤連連長」雀屏中選。

信：人人臉色變綠，個個跌破眼鏡。

記：那天大校場上，一定全是眼鏡。

信：更妙的是，授將典禮完後，漢王還「解衣衣人，推食食人」呢！

記：什麼意思？

信：漢王把他身上穿的「五星上將」統帥披風，解下後親自爲我披上，然後以我爲首席，犒賞三軍（推食食人）。

記：這算是有史以來，最隆重而尊崇的儀式了，很受用？

信：我發誓、發大誓、發重誓，要爲漢王驅馳田野，效命疆場，永不二心。

記：其實，拿當時項、劉、韓，您們三人來比較：楚霸王有勇無謀，已成强弩之末，根本不是您的對手；漢王劉邦雖有謀略，但每戰必敗，顧得了東，卻又顧不了西，疑心病又重，落得內外俱困；而閣下受封爲齊王，轄有膠、泗、燕、趙之地，占地最廣，勢力最大，擁兵百萬，所向無敵，形將成為明日之星。

信：我在濰水一戰，大敗楚軍龍且，使得向不服輸的項王，也心生恐懼，因而派武涉前來遊說，只要我反漢和楚，我就三分天下有其一。

記：您有沒有被説動？

信：很動聽但沒有動心。

記：為什麼？

信：不忍心背叛漢王。漢王「載我以其車，衣我以其衣，食我以其食。」我必須報答他老人家的恩惠。古人説：「乘人之車者，載人之患；衣人之衣者，懷人之憂；食人之食者，死人之事。」我怎麼可以見利忘義呢？

記：漢王為人之奸詐，您也不是不曉得的，這一切的一切，都是他裝出來的。

設計陷害，敗也蕭何

信：能裝得那麼真誠，就是為他死也甘願，項羽連裝都懶得裝一下。

記：您真是心軟得不可救藥，哎！婦人之仁，難成大事。

信：蒯通也勸我：「天與弗取，反受其咎；時至不行，反受其殃。」

記：這次您心動卻沒有行動。

信：那曉得蒯通又二度進言勸說。

記：您仍然無動於衷？

信：是的！

記：簡直麻木不仁，孺子不可教也。

信：心想我對漢王這麼忠貞，功勞又最大，他應該不致於動我的歪腦筋才對。

記：漢王前後三次奪您的權、取您的兵，您應該有所警惕才對。

信：我想軍隊是國家的，歸誰指揮都一樣。

記：可憐的韓信呵！七月半的鴨子，毋宰死！

信：蒯通最後見遊說不動，撂下：「功者難成而易敗，時者難得而易失。」氣得發瘋而別，從此改行爲巫師。

記：我看有史以來，沒有像您這麼忠心耿耿的人，這才叫「推心置腹」。

信：我被徙爲楚王後，還帶著鍾離眛將軍的腦袋去見漢王，以示我的忠誠不二。

記：結果，他還是把您捆綁到洛陽。

信：漢王也查不出我造反的具體證據，卻莫須有的把我降爲淮陰侯。

記：這「侯」是幹嘛的？

信：侯只有收取封地稅賦的財政權，而沒有領軍權，充其量，只有幾百名家臣而已。

記：這下您對劉邦應該死心絕意了。

信：我根本不想造反的，但三番兩次蒙受不白之冤，心中著實氣不過，於是決定與鉅鹿太守陳豨聯絡，趁高祖出征時，來個裡應外合，推翻漢王朝。

記：時告時當，沒米煮蕃藷湯，成嗎？

信：走漏消息，被我的家臣告到呂后那兒。

記：您也別怪告密的家臣，「西瓜偎大邊」，也是人情之常。

信：哎！哎！

記：正如蒯通所言：「時者難得而易失」。稱齊王、徙楚王，您勢如日中天，擁兵百萬時不造反，等到時過境遷，被降爲侯時，才想以區區家臣來造反，爲時已太晚，而且也太不自量力了。

信：要是早先我聯合梁王彭越、淮南王英布，那天下唾手可得也。

記：結果您們三人，被高祖一個個收拾得清潔溜溜。

信：我真的很後悔，當初沒聽蒯通的話。

記：其實就算有家臣告密，我看劉邦也不敢對您怎樣？他總是有點投鼠忌器的。

信：是蕭何的設計，教我單身匹馬進宮賀高祖平陳豨亂歸。我就這樣被宮中武士縛而斬之。

記：這蕭何也真不夠意思。當初他看您是個人才，極力向漢王推薦，任命您爲大將軍，現在又設計害您身敗名裂。

信：謀反之罪豈祗身敗名裂，還夷三族。

記：俗云：「人心隔肚皮」，看來蕭何也不是個什麼好東西。

信：這個世界本就沒有什麼好人與壞人之分。

記：怎麼說？

信：當他們打江山需要人時，可以稱兄道弟，解衣推食，攬腰拍背，一付膽肝相照狀。

記：因爲這時候雙方利害與共、目標一致。

信：當他們得天下之後，唯恐有人覬覦神器，此時務必拔之而後快。

記：於是廢王、降侯、廢省……無所不用其極。

信：嗚呼哀哉！這就是所謂萬物之靈的人類。

記：不過，您也未免太大意了。飽讀兵書不讀哲學，人道是：「勇略震主者，身亡；功覆天下者，不賞。」

韓何藍麥，同是天下淪落人

信：我除了被判圖謀叛逆，當場被縛問斬外，還夷三族。

記：何謂夷三族？

信：父族、母族與妻族全被連根斬除。

記：好慘啊！韓氏在秦漢以前是個大姓氏，自此變成一個「弱小民族」。

信：還好我的家人夠機警，他們分別改名換姓逃走，才免於「斬草除根」之殃。

記：怎麼個逃法？

信：有一戶我的族人，包了條大船往南方逃逸，途中被「保七」盤查，大聲喝問，你們姓什麼？

記：怎麼辦？沒有心理準備，臨時臨了要冒充別的姓也很難？

信：他們只好盯著水面，一言不發，等著被殺、被砍。

記：好緊張呵！結果怎樣？

信：船老大出來打圓場，說他們姓河，所以盯著河水看！保警說，哪有人姓河水的「河」？要嘛人可「何」才對。

記：就這樣過關了。

信：輪到第二船人被盤問，他們緊張得只是茫然地望著天際而語塞。

記：祈求上天保佑？

信：船老大打圓場說，說他們姓藍，所以望著藍天。

記：又過關了。

信：第三船的人被盤問時，他們只傻呆呆的向前方看。

記：能看出什麼名堂？

信：前方不遠處正好是一大片麥田。

記：於是船老大就騙「保七」說全船人姓麥？

信：對了！

記：這船老大怎麼這麼好心？

信：拿人錢財替人消災嘛！要是全船姓韓的人被殺光，他是一毛錢都拿不到，還要埋葬屍首，洗刷血迹，那更麻煩。

記：那些保警，真是天下第一等笨人，被船老大唬得一愣一愣的。

信：這叫「大智若愚」，得饒人處且饒人。予人家方便就是給自己方便。何況還可「意思」、「意思」。

記：照您這麼說，何、韓、藍、麥四姓，原來二千年前是一家人。

信：四海之内原本皆兄弟也。

記：對了，您剛才說得好：「得饒人處且饒人」。以前那些欺侮您的小流氓，後來您怎麼處置他們。

信：我是個有恩必還，有仇必報，外加利息的人。

記：您把他們全殺了？剁成肉醬以洩憤？

信：漢王五年（西元前二〇二年）項羽被我圍困垓下，敗死烏江，漢王立刻奪我百萬兵權，徙齊王爲楚王，都下邳。

記：教您去管項羽的老地盤，因爲那地方局勢不穩。

信：所轄之地方，正好涵蓋我故鄉淮陰地方。

記：也算是榮歸故里了！

信：算不得榮歸故鄉，只是聊勝於無而已。我召見了以前分我便當食物的漂母，賜給她千金。

記：那個南昌亭長呢？

信：賜他百錢，並且教訓他：「你是小人，爲德不卒。」

記：您也未免太小器了！還有那個使您有胯下之辱的屠夫的胖兒子呢？

信：封他爲「中尉」，成爲首都衛戍司令；並且詔告全楚，就是這位壯士的胯下之辱，使我發憤圖强，拜將封王，因而功勞最大。

記：您能化悲憤爲力量，變屈辱爲光耀，實在值得我們後人學習。

信：好說！好說！您太客氣了。

漢河楚界，名留千古

記：您一生爲大漢帝國立下汗馬功勞，我們可以說：沒有韓信，就沒有漢朝；沒有漢朝，就沒有大漢民族。可是最後您竟然被抄家問斬，並夷三族，我們爲您叫屈，爲您鳴不平。

信：還好啦！除了軍事上的些微成就，我還是爲歷史留下了一鴻半爪。

記：聽說象棋是您發明的？

信：您怎麼知道？

記：大英百科全書中有記載。Bye the way！您爲什麼發明象棋？

信：象棋除了在陣前娛樂士卒外，對將官來說，更是一種「兵法」的機會教育與沙盤推演。

記：怎麼說？

信：其中「楚河、漢界涇渭分明」，使得將士們知道爲何而戰？爲誰而戰？

記：「起手無回大丈夫，棋中不語真君子。」是何意義？

信：前者告訴指揮作戰要領在於謀而後定，不可猶豫，不可退縮；後一句指的是要沈得住，不可毛躁。總之：下棋有如作戰，必須具備定、靜、安、慮、得的至上工夫。

記：我下了一輩子棋。一直都下不好，可不可以借這個難得的機會，調教幾招。

信：明車、暗馬、偷吃炮。

記：棋盤布陣，各有不同，有如八仙過海，各顯神通。

信：三步不出車，必定輸棋。

記：腳快就是勝利，凡事不能輸在起跑點上。

信：車占當中馬掛角，神仙難改這一著。

記：車馬聯合作戰，有如坦克車配備步兵，上下自如，左右逢源，遇之非傷即死！

信：當頭炮，馬來跳，「吃」「將」自如，得心應手。

記：對方將疲於奔命，窮於應付。

信：每逢單缺相，最忌炮來攻。

記：後方防衛空虛，此棋必定凶多吉少。

信：寡士怯雙車，難於招架。

記：死棋不遠矣！

信：欺小貪吃卒，步步叫將軍。

記：人無遠慮，必有近憂。

信：馬逢邊必死無疑。

記：虎落平陽淺水蝦，自廢武功，自尋死路不可活。

信：總之，世局如棋局，人心原是賭心。這是個到處充滿著陷阱的世界。

記：謝謝您的指點。從此，我不但會下棋，而且「人生之棋」亦有了「譜」了。

信：謝謝，下次我再教您打麻將與下圍棋。

記：麻將？那不是賭具嗎？敬謝不敏！

信：誰說的？麻將乃集兵學、數學（排列、組合）、哲學與心理學之大成，不懂搓麻將，人生的意義已去了一大半。

記：一上桌打麻將，人生也就消磨掉一大半。

唐朝豪放女、一代女皇帝
～武則天訪問記～

中國歷史統稱三千年，其間身為「人民頭家」的帝王約計有三百餘人，其中有在位六十一年之久的康熙帝，有在位才一個月的明光宗。他們都是男性，卻只有一位是女性——周聖神皇帝武則天。就現代男女平權觀念來說：三百比一已經是大大的不平衡，加之一千二百年以來，文人的渲染、史家的添油、女人們的加醋，於是她被塑造成一個殺姊屠兄，弒君鴆母，連親生的女兒和兒子都不免於被殺，集不忠、不孝、不仁、不慈於一身。她用酷吏、制嚴刑，寵張易之、昌宗兄弟倆，於是她從「嫵（武）媚娘」，經「狠毒媽」，而至「淫虐婆」……。

綜觀武氏一生，在高宗李治時期「幕後主政」二十五年，中宗李哲、睿宗李旦時期臨朝聽政六年，最後乾脆廢了皇帝，改國號為周，自立為則天大聖皇帝十五年，前後掌握政權近五十年。在二百九十年的李唐王朝史中，她與「貞觀之治」、「開元之治」鼎足而三，成為大唐盛世的另一頁。

《國文天地》記者決定不採信片面之詞，上窮碧落下黃泉，終於找到了八十二歲高齡的「則天大聖皇帝」，讓她「有話要說」，面對媒體，親自說個明白。

✱武則天

家世顯赫，才貌雙全

記：嗨！武……，武……！

武：你這人怎麼這麼沒禮貌！我又不是沒名沒姓的，用得著這樣呼「五」喝六的！

記：抱歉！抱歉！我看過您的履歷表，您這一生歷「更衣」、「才人」，經「昭儀」、「宸妃」、「皇后」、「太后」，到「聖神皇帝」、「大聖皇帝」，還有「武二娘」、「武媚娘」……一連串的頭銜，不知怎麼稱呼您，也害怕稱呼錯了，惹您不高興。

武：您叫我一聲「武小姐」，我最高興。

記：哦！八十二高齡還要人叫：「小姐！」未免太離譜了。

武：這有什麼大驚小怪的。本來嘛！小姐無大小。

記：對，對！就像「先生」無先後，亦不論死活。

武：十八歲的男子可稱先生，同樣的八十歲的老頭兒也可稱先生。

記：我懂了！同理，十八歲的女性固然可稱小姐，那麼八十歲的老婦人，理所當然的可以叫小姐。

武：俗云：「佛爭一炷香，人爭一口氣。」憑什麼男女有差別？

記：我了解一位「女權運動者」的心聲。

武：知道就好！

記：就因爲這樣，所以我們特別要訪問您。請您先自我介紹一下，讓大家對您有個初步的認識。

武：我姓武原名照，并州文水（今山西省文水縣）人，有同父異母兄「元慶」、「元爽」二人，同胞姊妹三人，我居次。

記：難怪！

武：難怪什麼？

記：難怪您這麼厲害！根據心理學家的研究，大凡在家排行老二的子女，其未來的成功率，較之其他的同儕要高多了。

武：這也是另一種的「老二哲學」？

記：老二出身的人，自小在老大與老三的互動、鬥爭、統戰中長大，是故能因勢利導成爲創造歷史的人物。

武：像周武王、孔子、晉文公、管仲、伍員、班超、許慎（字叔仲）、諸葛亮、玄奘、隋煬帝（楊廣）、唐太宗……均排行第二。

記：還有韓愈、歐陽修（字永叔）、袁宏道（字中郎）、顧炎武……也都是老二。

武：那民國人物有那些是老二的？

記：孫中山（二哥德祐早夭，不算）、蔣介石、毛澤東……還有李登輝……。

武：真的？那我的確相信所謂的「偉人老二哲學」了。

記：您父親是做什麼行業的？

武：我父名武士彠，原為木材商人，家富於財，頗好交結。隋末天下大亂，投軍為鷹揚隊正（相當於儀仗隊隊長）。

李武二家，世交通好

記：您們家跟李淵（唐公，即後之唐高祖）有何關係？

武：他們之間的關係除了有如小內閣中的長官與部屬關係外，李淵留守太原時，每行軍南下汾、晉之間，必以我家作中繼站，以資休息補充。

記：兩家可以說是世家通好。

武：李淵起兵時，我父被任命為後勤總管（鎧曹），隋亡唐禪是為唐高祖。我父因功行賞，被封爲荊州都督，官至工部尚書，太宗即位更晉封爲應國公。

記：這麼說來，李家開國二主，對您們家特加恩寵，是何原因？太宗該不會是「醉翁之意不在酒」，在乎美人啊！

武：不會吧！太宗繼位時（貞觀元年，西元六二七年）我才四歲呢！

記：十年計畫也不遲啊！

武：果然在我十四歲時（貞觀十一年，西元六三七年）召我入宮爲才人。

記：果不其然，狐狸尾巴露出來了吧！By the way！這才人有多大？

武：當然是隻「菜鳥」而已。

記：怎麼個「菜」法？

武：您知道皇帝後宮佳麗有多少？

記：傳說中有三宮六苑七十二妃，總數約在三千人左右。

武：晉武帝司馬炎禪魏、滅蜀、亡吳，合併三國後宮，總計人數達一萬人，破「金氏世界紀錄」。

記：這晉武帝要是每天use一個妃子，那要花三十年才「用」得完。

武：真是暴殄天生尤物！

記：正是黃宗羲所說的：「離散天下之子女，以奉我一人之淫樂。」帝王封建可惡！可恨！

三千佳麗，一人禁臠

武：皇帝是個天字第一號大淫蟲，在皇宮內無所事事，天天只知道為自己「創造宇宙繼起之生命」，卻從來不為天下百姓「增進人類全體之生活」。

記：這後宮三千佳麗，是否有上下等級之分？

武：當然有啊！分后、妃、昭、修、充……等，九階十八級，其中地位最高者，當然是「后」了。

記：后是什麼意思？

武：后者後也，她是唯一可以緊跟在皇帝後面的人。

記：其次呢？

武：妃也，妃者配也，堪與皇后匹配的人。

記：這妃子有幾人？她是后的「備取人」嗎？

武：二人或四人不等，按個人形象與特質有貴妃、淑妃、德妃、賢妃等，均爲一品官，其中又以宸妃位最高，職最貴，那簡直已是「鎖定」未來的后了。

記：宸者，北斗星也，您在高宗永徽六年（西元六五五年）被立爲宸妃。

武：是的！再次是儀，儀者，偶也，衞也，圍繞著后、妃的人，計有昭儀、修儀與充儀之分。

記：再下一階呢？

武：嬙也，嬙者牆（廧）也，人數更多，有如人牆般護衞著前述的后、妃、儀諸人。

記：有没有比嬙更小的？

武：當然有！那就是嬪，嬪乃「賓」之借字，意即宮中女賓；弦外之音，當屏風裝飾之用。

記：那才人呢？

武：再下一階即爲才人，才人的職務是「更衣」。

記：其職責派在便殿侍候皇上更衣沐浴？只比端茶奉酒的「御女」、「采女」高一等而已。

武：不全是，您別小看這才人，她可是五品官哦！

記：她比七品縣長還高二階，太離譜了罷！

武：皇帝跟前的人，任階敍薪當然要高，否則誰願意失去自由，虛擲一生青春；難道現在總統身邊的「童子軍」與「女童軍」，位階會低嗎？

記：說的也是，既然知道「宮門深似海」，您又為何要下海淌渾水，何況您系出應國公，家境富有。

武：貞觀九年（西元六三五年）我父去世，我大媽把我們母女四人掃地出門……。

記：那不是很慘！難道也沒有外家可投靠？

武：我母楊氏乃隋朝宗室兼宰相楊素之女，改朝換代之後還有什麼話說？

記：佛曰：「我不入地獄，誰入地獄？」所以，您一拍胸膛為全家人「犧牲打」。您媽有沒有捨不得，女兒進宮有如生離死別般。

武：我還勸她，能見到天子，焉知非福？何必表現出兒女之態？

記：因爲您有更大的 Ambition，在心中盤算著。

武：當然，當然！我發誓我絕對要不虛此生，要爲全世界的女性爭一口氣，才對得起我自己。

一進宮：更衣才人

記：您是那一年進宮的？

武：貞觀十一年（西元六三七年），我十四歲進宮。

記：爲什麼是那一年？

武：可能有二個原因：一則，我們的困苦，有人轉輾告知太宗，太宗有意要照顧老朋友（我父是高祖的心腹部下，李世民先前喊我爹爲武叔叔）的遺孀孤女；二則，上一年六月長孫皇后正好去世。

記：進宮後，以您的美貌，立刻轟動「女」林？

武：那有？才十四歲，太宗看我可愛、漂亮又活潑，加上是父執的女兒，特別高興，極其喜愛，摸摸我那「好冷的小手」，賜號曰：「武媚」，私下叫我「嫵媚娘」，以「更衣」的名義留在他身邊，侍候他的生活起居。

記：「嫵媚娘」意即嫵媚的小姑娘。好一段「純純的愛」，令人羨慕，您們之間，有沒有「五四三」？

武：您這記者真是二五八萬啊！一個四十二歲的壯年男子和一個十四歲情竇初開的小女子，獨處一室，他們會談人生哲學嗎？他們會論伐匈奴、征突厥嗎？他們會討論SKII，或佳麗寶的美白效用嗎？這個用肚臍眼想就知道，還用問？呆！

記：冒犯，冒犯！請原諒。像這樣的「才人」生涯過了多久？

武：十二年之久。直到貞觀二十三年（西元六四九年）太宗崩。

記：這十二年有沒有可圈可點的回憶？

武：乏善可陳！前八年太宗忙於到各處征戰，尤以貞觀十九年（西元六四五年）親征高麗，大傷元氣，年近半百的太宗，已成强弩之末了。

記：未能穿魯縞！那後四年呢？

武：他又忙於競逐「天可汗」之尊號。

記：何謂天可汗？

武：西域諸國酋長尊奉太宗爲「天下公認的大王」，「汗」是蒙古語、突厥語，大王之意。

記：哇！The King of Kings，萬王之王，相當於聯合國祕書長的職位。

武：「聯合國第一任祕書長」，太宗當之無愧。

記：太宗是那一年駕崩的？

武：貞觀二十三年（西元六四九年）太宗臥病在牀數月，太子李治入侍，晝夜不舍，累月不食，憂形於色。

記：您怎麼知道的？

武：前後兩個月六十多天，我們不分日夜，一起侍奉著太宗。

記：俗語說：「近水樓台先得月，向陽花木易爲春。」您們就這樣迸出了不尋常的「愛的火花」。

武：他二十二歲，生澀、仁厚、懦弱，是未來大唐天子；我二十六歲，成熟、精明、幹練外加嫵媚動人，最尋常不過。在二個月的和風夕陽薰沐下，天雷勾動地火，再自然不過的了。

記：您們一個仁厚懦弱，一個色藝俱全，這是最好的搭檔。

武：我若不趁這個時候掌握先機的話，等太宗一死，我只有兩條路可走——殉葬或出家爲尼。

記：這是做宮女的下場，前者死路一條；後者乃不歸路——青燈黃卷，了此殘生，其生猶死。

武：我兩條路都不願走！於是趁太宗垂危之際，跪稟道：「妾蒙聖上隆恩，本該一死報德；然聖躬未必不痊，妾亦不敢遽死，情願削髮披緇，長齋拜佛，爲聖上拜祝長生，聊報恩寵。」

記：您是太宗跟前的才人，理應殉葬，這下除了可免一死外。將來還可以還俗，成爲新君的嬪妃。

武：那怎麼可以？裝嘛，也得裝一下。我在感業寺足足數了一千多個饅頭。

記：幹嗎數饅頭？莫非您被派在廚房工作？

武：不是啦！新君必須守喪三年，才能除喪選妃；所以我也得在寺裡待三年。春花秋月、良夜孤衾，煞是難熬。

記：就像我當兵三年一樣的久。

武：您當兵怎樣？

記：我當兵的第一天，就在我的板凳上畫上一千個圈圈。部隊裡早上吃饅頭，每吃一個饅頭，我就槓掉一個圈圈，等我一千個圈圈畫完了，表示只剩三個月，準備快快樂樂的退伍了。

二進宮：冊昭儀，立宸妃

武：高宗永徽三年（西元六五二年）我終於蓄髮理粧再度進宮，被冊封爲昭儀。

記：現在，您是number three，有如現在的「微笑老蕭」，地位僅次於王皇后與蕭淑妃。

武：接著我生下長子李弘。

記：這下您的地位立刻提高了，都是肚皮爭氣的結果。您五月二十六日太宗三年忌滿才進宮，不到半年就生子，未免太匆忙了一點吧！是早產嗎？

武：在感業寺時就「有」了。次年又生次子李賢。

記：這下您的地位更高了，雖然蕭淑妃有兒子李素節，但您有二個。到底高宗有幾個兒子？

武：高宗原先有三個兒子：李忠、李孝與李上金，分別爲宮女劉氏、鄭氏、楊氏所生，且三人之母均不得寵。蕭妃兒子素節排行第四；我兒李弘、李賢、李哲、李旦排行五、六、七、八；王皇后無子。母以子貴，我晉封爲「宸妃」（在貴、淑、德、賢四妃之上，特加一等）。

記：有如發票開獎在原有的頭、貳、參、肆獎上，外加一「特獎」般。

武：有如北斗（宸）星一樣的光芒萬丈特別耀眼。

記：您這一人昇天，是否連帶惠及家人。

武：當然有啊！我姐姐被封爲韓國夫人。永徽六年，等我聯合蕭淑妃與司空李勣鬥倒王皇后、尚書長孫無忌及左僕射褚遂良等人，取得「后」位後，再請封我母從應國夫人爲代國夫人，品位第一，位在王公母妻之上；我父士彠雖亡故已二十年，仍追封爲司空。

記：一人得道，惠及家人是無可厚非的，但惠及死者卻無實際效用，何必多此一舉。

武：無非是提高我的出身門第，以與我丈夫李治（高宗）共比高。

記：您已經被册封爲后，夠高了。

武：那「后」還是在君王「後」面，而且是「妻以夫爲貴」得來的，不希罕！

＊長孫無忌

記：怎麼樣您才甘願。

武：追封我父爲司空，我的出身就變成三公（等同丞相）之女，而且我還把我的名字「照」改造成「曌」字。

記：爲什麼？您又不在大學教文字學，何必用政治去干預學術。

武：這「照」是：明也，從火、昭聲，我覺得不夠氣派。

記：那「曌」呢？

武：同照，取「日月凌空」之意。

記：意即高宗如日，您像月，日夜在空中放出光芒。

權能區分，男女共治

武：高宗在位三十四年中，有二十五年是我在幕後主政，號稱「二聖」時代。

記：換句話說，這時候大唐帝國進入您倆「共治」的「雙首長」時代，兩個人的職權如何畫分？「頭家李」管國防、外交與兩岸關係？您管內政、財經嗎？否則鬥這、鬥那，夫婦兩人鬥起來就不妙了。

武：您別開玩笑了！那時候哪有兩岸關係？

記：怎麼沒有？龍朔元年，百濟、高麗連兵進攻新羅。劉仁軌將兵渡海擊百濟，蘇定方率陸軍圍平壤。這不是海陸二頭頭隔鴨綠江與百濟、高麗的「兩岸關係」嗎？

武：我們是「權能區分」。高宗有「權」發號施令，我則有「能」戴白手套運作。

記：您讀過中山先生的三民主義？

＊武則天書《昇仙太子碑》

武：什麼中山、中正的？又什麼三民、四民的？我不懂！

記：權能區分制的五權憲法是中山先生發明的，您知道嗎？

武：諸葛亮先生在〈前出師表〉中說：「宮中府中俱爲一體。」早就挑明了宮中的阿斗有權無能，府中的孔明有能無權。這是「權能區分」理論的創始，高宗和我只是權能區分的實踐者，怎麼會輪到中山、中正什麼的？

記：原來如此，難道我被騙了？後來您們夫婦是否也鬥得七渾八素。

武：明鬥不敢，暗爭倒是不免。

記：舉個例子說罷！

武：高宗登泰山封禪爲主獻，我就要求擔任亞獻。

記：以示王、后平等，等量齊觀。還有呢？

從「父死子繼」到「夫亡妻代」

武：高宗主張父死子繼，一心想立太子以承繼王位，我則主張夫亡妻代，先傳妻再傳子。

武：根據歷史記載：永徽三年（西元六五二年）在我還未被冊封昭儀

之前，就已立李忠（宮女劉氏之子）爲太子。

記：您當了皇后後，子以母爲貴，當然他被廢了。

武：高宗不得已再立我的長子李弘爲太子，上元二年（西元六七五年）太子廿四歲，我將之鴆殺。

記：連親生的大兒子也毒死，未免太狠心了。

武：凡威脅我當皇帝的人，一律格殺。

記：那高宗又立您的第二子李賢爲太子。

武：我在調露二年（西元六八〇年）找了個理由廢太子李賢爲庶人，幽於別所；但太子被廢的第二天，高宗立刻立第三子李哲爲太子。

記：總之，高宗堅持王位傳子，長子死了立次子，次子廢了立三子，就是不讓皇后覬覦王位。

武：而我則硬逼高宗先讓我攝政，再傳大位。

記：結果您如願了?

武：那有那麼簡單!「革命尚未成功，婦女仍須努力」。弘道元年（西元六八三年）十二月初四夜，高宗崩於貞觀殿，享年五十六歲。

記：您立刻伺機而動，掌握此一千載難逢的機會，承受夢寐以求的神州大器？

武：那曉得高宗事先留下遺詔：「太子柩前即位！」

記：於是您又落空了。

武：李哲即位是爲中宗，改元嗣聖，那曉得這個二十八歲的不孝子就位後，完全不把我這個老媽媽看在眼裡。他除了立妃子韋氏爲后外，並「三級跳」的任命后父韋玄貞從普州參軍到豫州刺史，再到侍中，並揚言把天下給韋玄貞，又有何不可？

記：我看他是「賭爛」到了。擺明了「寧贈朋友，不予家母」，給您好看！

武：斯可忍孰不可忍？所以我在二月初六廢中宗爲廬陵王，降皇太孫重照爲庶人，流放韋玄貞於廣西欽州，再派人把先前被流放於巴州的太子李賢害死。

記：總之，您爲了王位，不惜把您的兒子一個一個的殺掉——只要他姓李。

武：李旦即位是爲睿宗，噤若寒蟬，居於別殿，不預政事，一切由我臨朝作主。

記：這下您該心滿意足。

武：意猶未足，六年後（西元六九〇年）我乾脆正式自稱「則天大聖皇帝」，建國號周，改元天授，降睿宗爲皇嗣，以洛陽爲「神都」。

記：您這樣一意孤行，任性而爲，沒有人反抗。

武：光宅元年（西元六八四年）徐敬業起兵於揚州……

記：這徐敬業是誰？

武：他又叫李敬業，是李勣之孫……

記：李勣就是那個當年全力支持您由册昭儀而立皇后的第一功臣，結果他的孫子竟然起兵反您。

武：不到三個月我派兵把他掃平了。

記：我讀過駱賓王寫的那篇〈爲徐敬業討武曌檄〉，您真的「殘害忠良，殺姊屠兄，弒君鴆母」，並且廣納男寵，薛懷義、沈南璆、張氏兄弟，公然爲之，了無禁忌，已到了「神人之所同嫉，天地之所不容……」的地步。

武：爲了爭男女平等，不得不耳！

牡丹不聽話，趕出皇宮去

記：聽說有一年您在春寒料峭中，預定在某一天傳令文武大臣、各國使節，賜宴御花園賞花。

武：結果總管武承嗣向我報告：花木個個含苞，卻不開放。結果我下了一道御詩，限它明天準時開花。

記：詩是怎麼寫的？

武：「明日遊上苑，火速報春知；花須連夜發，莫待曉風吹。」

記：這些花兒可不見得理您這個女暴君。

武：第二天各種花朵照樣得乖乖的怒放。

記：怎麼會？

武：我叫武三思當夜用木炭焙火，然後把熱空氣用管子通往暖房，使氣溫上升，果然百花怒放……。

記：連花草樹木都得服從一代女皇之命，太離譜了。

武：那是我首創的「花卉催熟栽培法」。

記：您真的很「炫」吔！

武：不過所有的花都開了，只有牡丹不聽話，我把所有的牡丹「開除」，趕出皇宮，老百姓紛紛撿回去養種。

記：結果洛陽現在變成「牡丹之都」，每年還舉辦「牡丹節」呢！

武：這真是我始料所未及的。後來我才知道只有牡丹花不能用加溫催熟法。

記：……………。

——一九九九．五刊於《國文天地》一六八期——

詩人編

過端午・划龍舟
～屈原訪問記～

「五月榴花紅似火，端陽粽香處處飄」，又到了熱鬧非凡的端午佳節，人們在「划龍舟，吃粽子」歡樂之餘，似乎把我們這位「節日主人翁」屈原先生，忘得一乾二淨；為此記者特越洋（屈原石沈水底）訪問這位民族詩人。

卿本佳人・奈何受屈

記：屈原先生，您好。又到了一年一度的端陽佳節，二千三百多年以來，人們在猛啃粽子，猛戲龍舟之餘，差一點把您老給忘了。所以，特別請您接受訪問。

屈：謝謝您給我這個「作秀」的機會。不可否認的，這是一個廣告的時代，二千多年來，我隱居水晶宮，從没有做過「自我表白」，現在「我有話要說」！

記：首先來個「尋根」運動，請教您這個屈姓的來源。

屈：我的始祖，是楚國王族，本姓芈。到了先祖子瑕公時，兄弟三人：老大身為太子，因而以景為氏；老二拜相以昭（左昭右穆）為氏，子瑕公受屈（亦是地名）為卿，因而氏屈。

記：難怪您官居三閭大夫，這「三閭」莫非指王族景、昭、屈三姓而言。

屈：是的，是的。

記：史書的記載，有人稱您屈平，又有人稱您屈原，這怎麼回事？

屈：我姓屈名平字原，人們為了表示崇敬，故字而不名。

記：名平字原，可有典故？

屈：國人一向講究的是中庸之道，因為我已姓了「屈」（不平之意），所以名字要「平」、「原」一下，其實「平」就是「原」，「原」就是「平」。

記：噢！我懂了，就像唐朝有個姓韓名「愈」的，他的字要「退之」

一樣。現今有位大財主兼四大公子之一又娶中國小姐爲妻的，名叫「連戰」，字「永平」一樣的道理。

屈：既要連年戰爭又要永遠和平？這個人本身很矛盾！

記：那又有什麼稀奇，處在「政治奇蹟」的民主時代，每年選戰以數人頭代替殺人頭，可保永世太平。連雅堂先生有先見之明，民主時代「連」年選「戰」，卻可「永」保和「平」。

屈：是嗎？

記：我不明白的是：您老人家既已名「平」，字「原」，爲何在〈離騷〉的自敘中卻又說名「正則」，字曰「靈均」？

屈：因爲「平者，正之則也；原者，地之善而均平者也」。

記：換句話說，您是用「正則」二字解釋「平」；用「靈均」二字解釋「原」囉！

屈：正是！正是！

記：那麼「正則」和「靈均」算是您的「號」與「別號」了。

屈：可以這麼說！

記：可否請教您的官銜？

屈：我除了擁有「三閭大夫」的頭銜外，我還是楚懷王的「左徒」。

記：左徒是什麼官？

屈：掌諷諫，以救人主言行之遺失，僅次於令尹（丞相）。

記：哇塞！您這不就相當現今「總統府資政」加上監察委員了嗎？難怪司馬遷說您：「入則與王圖議國事，以出號令；出則接遇賓客，應對諸侯。」

屈：也算是「國之大老」，中常會有發言權的！

記：像先生這樣官居三閭，內政、外交兼理，行政、立法並掌，應該是一帆風順，得意非凡，爲何不識時務的去寫〈離騷〉呢？

奉命修憲・不合上意

屈：有一次奉懷王之命制定「憲改草案」，與上官大夫靳尚起了衝突，靳大夫告了我一狀，懷王因此罷了我的左徒而疏遠我。

記：所以您就大發牢騷，寫了兩千多字的〈離騷〉。

屈：〈離騷〉並非牢騷之詞，而是因爲遠離國王，表達懷憂念主之意，我的本意無非是希望「楚國要更好」。

記：有沒有收到預期的效果？

屈：不但沒有使懷王回心轉意，反而聽信了「外交掮客」張儀的話，打起「秦國牌」來了。

記：秦國牌？沒聽過！

屈：西秦、南楚、東齊、乃當時戰國七雄中的三强。齊、楚間一向和好親善，張儀以穿梭外交姿態，倡連横之説，離間齊、楚，轉而使楚、秦有和親之好。

記：您不主張聯秦？

屈：我一向主張「戒急用忍」之策，標榜「不聯秦，不背齊，不妥協」的三不政策。

記：結果呢？

屈：懷王受欺於張儀，與秦王會盟，被拘於秦，種下了割地賠款之辱。

記：後來呢？

屈：懷王客死於秦國，兒子襄王繼位。我以老臣資格勸襄王近賢臣遠小人，以復父仇。

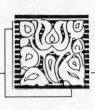

記：於是您老人家遭忌了。

屈：遭到權臣靳尚、懷王妃子鄭袖一幫人的全面「圍剿」，最後我被放逐江南，回到故鄉。

記：您的故鄉在那兒？

屈：湖北省秭歸縣樂平里。

記：這地名可有典故？

屈：我的故鄉原名夔，即古「夔國」之地，因爲我被「下放」，加上我姊姊得知流放的消息，回來安慰我，因而改名「秭（姊）歸」，至於樂平里，不說您也知道。

記：「秭（姊）歸縣樂平里」，從這地名可以想見您老過著愜意的生活：吟詩誦歌，飲酒作樂，領著「資政」的高薪，優游自在的過了很多年。

屈：哪有？非但沒有薪水，連「公費」和「年費」都沒有；相反的，還過著貧苦的日子呢！

記：您大可以找「雷大戶」「翁大戶」等人，組織個「明德安和基金會」或「陽明基金會」什麼的來壯壯聲勢，不然搞個「非主流派」什麼的也可以。

屈：那時一心愛國愛民，怎麼可能爲自己打算。

記：後來呢？

憂國憂民．至死不渝

屈：大禍臨頭了！那年的春天，秦將白起一舉而攻下楚國郢都，火焚王陵。

記：您老得到消息，受不了打擊，於是就在五月五日那天投汨羅江而死。

屈：我在投江前三個月寫了「哀郢」、「懷沙」等二十五個詩篇。

記：企圖「喚起民衆及聯合世界上以平等待我之民族共同奮鬥」？

屈：又有什麼用？報紙都不敢刊登。

記：「愛國詩人」的頭銜，可不是浪得虛名的。

屈：那也於事無補。

記：據說您是抱石沈江而死，卻又爲了什麼？

屈：免得屍體浮出，給「雞婆」的檢察官，來個解剖驗屍，一會兒說

「生前跳水」，一會兒又説「死後落水」，平白破壞了警察治安人員的美麗「形象」。

記：人們爲了尋找您老，於是划龍舟找您；爲了怕您挨餓，於是包粽子送糧食給您吃。

屈：其實我人在水底，龍舟在水面，怎麼救得了我，簡直是自欺欺人嘛！粽子大部分被「大白鯊」和「青蛙王子」吃了，小部分沉到水底也都臭酸了，簡直是虛應故事。

記：那我們該怎麼辦？

屈：除非你們的龍舟能潛水。

詩人有話要説

記：龍舟潛水？！噢！有了。前陣子我們向荷蘭訂購了二條迷你潛艇，叫「海龍」、「海獅」；外加先前美援的「海象」、「海豹」，想來正好派上用場。

屈：潛水艇是一種裝備了魚雷、水雷、飛彈作爲偵察、攻擊敵艦之用。現在用來搜救我屈某人，「殺雞焉用牛刀」，未免小題大作。

記：反正「海峽無戰事」，閒著也是閒著。花了天文數字賄款購買的強大海軍二代艦隊，既不肯護漁救難，也不能緝私防盜，更不足以保釣（魚台）衞沙（西沙、中沙及南沙），若能因此撈獲您老人家的福體，不但振振有辭的完成「復興中華文化」的神聖使命，而且面對每年近四千億的國防預算，也有所交代了。

屈：聽說那二艘新買的潛水艇，不能潛水。外國軍事觀察家說：那是四隻「擱淺的大海豚」，真的嗎？

記：這真是二十世紀大笑話。人都能徒手潛水兩到四分鐘，何況是潛水艇。

屈：潛太平洋不敢講，潛汨羅江應該沒問題罷！

記：當然，當然！

屈：還有順便告訴你，粽子我都吃膩了，來點應時的新花樣如何？

記：應時的？新花樣？

屈：來點「漢堡」、「溫娣」或「啃他雞」什麼的！不然來碗「烏龍麵」也可以；康師傅的「方便麵」，我最愛。

記：好！好！我會上書「國防部總政戰局心戰總隊」，建議他們從今年起「海飄」速食品給您。希望您入水爲安。

屈：用得著這麼大費周章嗎？

記：不然龐大的國防預算，尤其政戰經費怎麼編？怎麼銷？總不能每天都以「莒光日」影片打發日子。

屈：傻瓜！不斷地炮製「假想敵」也是個辦法！孟子不是說過：「出則無敵國外患者，國恆亡。」中共的導彈雖然是對付美國的，但也可以假設打台灣啊！

記：難怪懷王、襄王父子兩人不喜歡您。

屈：算了！算了！我還是潛回水底，不管你們人間閒事。

——二〇〇〇．四刊於《乾坤》十四期——

黨爭、政爭的犧牲者

～蘇東坡訪問記～

在中國二千年的文學史中，傑出的文士詩人如過江之鯽。其中創作生命最長（五十六年），居官最久（四十五年），宦遊最廣（歷河南、山東、四川、兩湖、兩廣、江西、海南、江浙等十一省，大半個中國），作品種類最多（詩、文、詞、書、畫五大項，無一不精通）的要算蘇軾東坡先生。

東坡的詩，現存二千餘首。在中國詩史上，唐之李（白）杜（甫）與宋之蘇（軾）黃（庭堅）並稱；趙翼《甌北詩話》：「昌黎之後，放翁之前，東坡自成一家。」自有其一席之地。

東坡「作文如行雲流水，初無定質，但常行於所當行，止於所不可不止，雖嬉笑怒罵之辭，皆可書而誦之。」其氣勢如長江大河，一瀉千里，其體裁渾涵光芒，雄視百代，名列唐宋古文八大家之一。

詞是由詩轉變而來，因而有「詩之餘」之說。詞起於中唐絕句，至南唐、後蜀，因亡國之痛，充滿悲婉哀絕之情，至宋初開國方具雍容華貴大家風範；繼以清麗、婉約、豔情，別離見長；至東坡而以瀟灑、卓犖、敦厚、豪放，備見特色與風格，統稱蘇辛（棄疾）體。「一洗綺羅香澤之態，擺脫綢繆宛轉之度，使人登高望遠，舉首高歌。」（胡寅評東坡詩詞），其雄偉豪邁處，有如「關西大漢，唱大江東去！」其「酒酣胸膽尚開張」〈江城子〉，直如水滸兄弟再世。

言書則蘇、黃（庭堅）、米（芾）、蔡（襄）合稱宋代四大家。

至於東坡的畫，最擅畫竹，有五十幅傳世。

其他如音律、園林藝術、金石等，東坡也無一不精通，他堪稱為文學藝術史上的「十項全能」金牌選手。

東坡能吃（豬肉、蟹眼、魚眼、河豚、橄欖、荔枝），能釀、能飲（酒），能喝（茶），能玩（古玩、遊山玩水）；愛美人，愛山水花木，愛江上清風，真可說天才洋溢，多采多姿，豪放不羈。

「唯願生兒愚且魯，無災無難到公卿」，難道東坡先生還有什麼不平之聲、難言之隱？

眉山生聖嬰．草木盡皆枯

記：蘇大學士，您好！請您接受我的專訪。

軾：二千多年來中國文學家之多、之亮；有如天上繁星，爲何特別選中我。

記：您是我國有史以來最偉大的文學家之一，最令人羨慕的文人。

軾：何以見得？

記：有宋一朝，文風鼎盛，而閣下以一代大文豪，大詩人兼大詞人；除此之外，您還是一位大書法家、大畫家，且又知音律，懂園林藝術，又能鑑賞金石雕刻，足可稱爲文學與藝術的「十項全能」，我不訪問您，那訪問誰啊？

軾：看來這趟我非「應觀衆要求」，接受訪問不可了。

記：當然，首先得從名字，籍貫「細說」一番。

軾：我姓蘇名軾、字子瞻，號東坡居士。

記：這名字是按筆畫取的，還是求神問卜得來的？

軾：吾家素爲書香門第，一脈相傳，從祖父蘇序到家父蘇洵，家學淵源。我十二歲那年，祖父享年七十一歲去世；我和弟弟（小我四歲）的名字，都是祖父取的。

記：由於您的祖（序），父（洵），兄弟（軾、轍），子（過）四代，均以詩文傳家，故取的名字，不可一般視之。

軾：軾者，乃座車前可以依憑的橫木。

記：免得急煞車時，人衝出去。

軾：並且可以扶著車上的橫木與對面來車點頭施禮之用，因爲那個地方是全車最高、最前的地方，視覺角度最寬廣，所以字「子瞻」。

記：「瞻」有向高處、遠處瞭望的意思，那您弟弟呢？

軾：他叫蘇轍，即是車輪輾過的痕迹，字子由，就是跟著走的意思。

記：哦！我懂了！您是哥哥在車前瞭望做先鋒，他是弟弟就在後頭循著軌迹追隨的意思。好優雅、好有意思的名字。

軾：我是四川眉山人。

記：「眉山生三蘇，草木盡皆枯。」是什麼意思？

軾：意即聖嬰一出，天地爲之色變，草木爲之枯槁。

記：什麼？太誇張了！九百年前你們就已發現因地球的溫室效應，所產生的「聖嬰（ElNino）現象」：由於海水水溫較正常溫度提高十度以上，以致於草木枯萎，作物歉收，經濟衰退的情形。

軾：我才不知道什麼「艾尼紐」（聖嬰）或「拉尼紐（La Nino）」（反聖嬰）等現象。我只聽家鄉父老說：自我出生以後，眉山縣境內的一座彭老山……。

記：彭老山如何？

軾：彭老山山雖不高，有道是「綠樹繁卉，谿水長流，不凍不霜，四季常青，百鳥爭鳴，風景秀麗。」

記：有如世外桃源，蜀中仙境。

唐宋八大家．蘇門占三席

軾：但自從我出生以後，花謝樹枯，溪水乾涸，鳥獸不見蹤迹，逐漸變成一座童山濯濯。

記：意即因爲您的誕生盡吸天地之菁英，造就了一代文壇巨擘，像「大江東去，浪淘盡千古風流人物」〈念奴嬌．赤壁懷古〉，像「老夫聊發少年狂，左牽黃，右擎蒼……」〈江城子．密州出獵〉曠世名句。

軾：直到目前眉山還流傳著：「眉山彭老山，東坡生則枯，東坡死則青。」

記：我看彭老山不可能再復原了！

軾：爲什麼？

記：因爲您們蘇家祖孫四人不但盡吸眉山地區天地之精英，整個四川盆地甚而全中國的人傑地靈，都被你們搜刮而去。

軾：有這麼誇張嗎？

記：綜觀中國二千年文學史，您們是歷史上最有福分，最令人欽羨的文學世家。

軾：何以見得？

記：仁宗嘉祐二年（西元一〇五七年），您和令弟蘇轍同榜進士及第，雙喜臨門。這在科舉史上是絕無僅有的；南宋文天祥與弟弟文璧，雖然在會試同榜題名，但在殿試卻落榜；而且您贏得主考官一代文宗歐陽修極高的贊譽，「快哉，快哉！老夫當避路，放他出一頭地。」

軾：這也沒什麼！

記：而且您們父子洵、軾、轍三人，在唐宋古文八家中，占有三席之地；再加上您的兒子蘇過，祖孫四人在文學史上的地位，豈是「才高八斗」曹家父子所能望塵的。曹操啊，曹操！這下你又要對酒當歌，嫉妒得「何以解憂，唯有杜康」了。

軾：可是比起羅家二立委一省議員「遜」多了。

記：可是什麼？新店溪也沒有因此變黑！何況您詩、文、詞、字、畫全來，加之知音律、懂園藝、賞金石……樣樣拿手，無藝不精；而且您從十歲就開始創作，整個創作生命達五十六年之久，真可說是前無古人，後無來者。

軾：我的初志，並非只是埋首故紙堆中過生活，而是……。

記：您居官四十五年，宦遊大半個中國，更是別人所沒有過的經歷。

軾：這四十五年的官宦生涯，真可說是酸甜苦辣辛五味雜陳，盡在不言中……。

記：說來聽聽，讓我們今古比較一下。

軾：總之，一句話，「官」不聊生？

記：何以見得？

祖孫號四傑．兄弟同進士

軾：嘉祐二年，我二十二歲，舍弟蘇轍十八歲，雙雙同時考取進士……。

記：考取進士有如現在的高考及格。考選部或是人事行政局是否立即分發工作。

軾：由於主試官（知貢舉）歐陽修的賞識，特別推薦我拜見宰相文彥博，富弼及樞密使韓琦（有如現在總統府祕書長），並且與書法家蔡襄，詩人晁端彥等相訂交。

記：看樣子是準備出仕了。

軾：那曉得家母正在這個時候去世，我父只好帶我兄弟二人回家守喪三年，以盡孝道。直到嘉祐五年我被分發到河南省任福昌縣主簿（縣府主祕）。

記：令弟呢？

軾：任澠池縣主簿，但我們兩人都未赴任。

記：有官做爲何不赴任？

軾：當時朝廷正詔求「直言之士」，從事政治改革。這時禮部侍郎兼翰林侍讀學士拿了我的五十篇策論以「才識兼茂」上薦於天子。

記：這翰林侍讀學士是什麼人？他怎麼對您這麼好！

軾：他就是嘉祐二年在殿試中把我的策論〈刑賞忠厚之至論〉列名第二的歐陽修老師。

記：您真有福分，遇到一個有始有終的「終身貴人」。

軾：歐陽老師對我的恩惠與提拔是我沒齒難忘的。

記：這樣您就不必從縣級主簿做起！

軾：對，我任大理評事簽書鳳翔府判官（相當於司法院高等法院推事）時，才二十六歲。

記：有個好父親少奮鬥二十年；碰到貴人，您可以少奮鬥三十年。

軾：三年後，鳳翔府簽判任滿，參加學士院考試入值史館。

翰林學士我最愛

記：以您的文采，以您的個性，修史、撰史的工作，最適合您不過了。

軾：工作性質客觀、中立，不牽涉人事與政爭。

記：您也準備把國史館的工作，做爲終身事業？

軾：只幹了一年，遭父喪返鄉丁憂三年。

記：三年以後呢？

軾：神宗熙寧二年（西元一〇六九年），三十四歲那年我還朝改任監官（相當於監察委員）。

記：根據史書記載，那年神宗用王安石參知政事，置三司條例司，議行新法，大力推行青苗、保甲、免役諸新法，第二年更全力推行新政。

軾：新政之議，舉朝譁然，行之未幾，天下匈匈，未見其利，反蒙其害。除了老臣舊勢力反對外，又正逢全國大旱災，造成一種天怒人怨的感覺，我職司監官，責無旁貸，提出糾舉、彈劾。

記：結果呢？

軾：神宗和王安石君臣二人一心想要變法圖存，認爲天變不足畏，人言不足懼，祖宗之法亦非一成不變。爲此把我調任爲杭州通判，拔去一個眼中釘。

流放外官·席不暇煖

記：從此，您以「外官」遊宦大江南北？

軾：神宗熙寧四年（西元一〇七一年）六月，我以太常博士值史館，被下放至杭州。

記：杭州？魚米之鄉，絲綢之邦；住有雕墻之美，行有舟楫之安；湖光山色，美不勝收，向稱「上有天堂，下有蘇杭」，爲東南第一州。風景秀麗，人文鼎盛，豈不正合君意。

軾：如果純粹去遊山玩水，觀光旅遊，當然那是個好地方，但我是以太常博士的身分下放基層的。

記：您心中十分不平。

軾：廢話嘛！當然不平，有如被打入十八層地獄的感覺。

記：那也不見得！太常博士值史館的頭銜，了不得「從七品官」相當於現在文建會小祕書，也是閒差一個；通判雖是從八品，卻是手操生殺大權的審判官。

軾：以王安石、呂惠卿、曾布諸人爲首的新黨，雷厲風行的推行青苗、免役、市易諸法，更在浙西兼行水利鹽法。

記：什麼叫水利鹽法？

軾：新法將民生食鹽，納入公賣事業，人民頓失生計，每年因販賣私鹽而獲罪的達一萬七千餘人次。

記：判賣私鹽的罪，都要由您這個通判來審判。

軾：依法審判是我的職責，但我又不忍心閉著眼睛，不顧人民生計，判他們重罪。

記：西湖風景古今奇，太守通判能和詩，文雅風流，遊賞唱和，自古所無，但是工作壓力卻是很重的。

軾：最後我只好上書丞相韓琦：「軾在錢塘，每執筆斷犯鹽者，未嘗不流涕也。」

情理法難以兼顧

記：自古法曹皆悲人。如今兩岸政府均承認「一個中國」，大家都是中國人。如果兩個中國同胞，過年過節在中國的海面上用我的茅台酒，核桃南棗、冬蟲夏草，以物易物換取您的收音機、手錶、錄影帶、CD，有何不可？爲什麼還判走私罪，通「匪」罪。

軾：我以爲只有大宋王朝才是一羣冗官、冗員、蛀米蟲，想不到民國時代也……。

記：更想不到的是漁船網到的魚，海關竟然還能天才地判定是大陸魚或美國鮭，而加以沒收、判罪、監禁。

軾：敢情魚身上插著五星旗？還是烙著 Made in U.S. 的字樣？荒唐，荒唐！「苛政猛於虎」自古已然！

記：您上書韓丞相，有回音嗎？

軾：由於身爲「非主流派」，被貼標簽，打入「舊黨」黑五類，轉調密州太守。

記：密州在那裡？

軾：在今山東膠西安丘、高密等縣。

記：那是個什麼樣的地方？

軾：密州地處僻遠，地瘠人貧，蝗旱連年，盜賊如毛。

記：那您怎麼治理這個爛地方？

軾：我到任伊始，一面上書爲民請命，請蠲減秋稅，一面加强緝捕盜賊，爲民除害；另外訂定「以米換蟲」的辦法獎勵人民捕殺蝗蟲及蟲卵。

記：成效如何？

軾：二年下來，密州耳目爲之一新。我高興之餘，修葺北城樓台爲「超然台」，除了我作記、作詞外，還叫舍弟子由作〈超然台賦〉。時常與僚屬登臨遊覽，賦詩填詞，點出「遊於物外」之樂趣。

記：聽說您還填詞〈江城子〉描寫密州出獵的情形。

軾：詞曰：「老夫聊發少年狂。左牽黃，右擎蒼。錦帽貂裘，千騎卷平崗。爲報傾城隨太守，親射虎，看孫郎。酒酣胸膽尚開張。鬢微霜，又何妨。持節雲中，何日遣馮唐。會挽雕弓如滿月，西北望，射天狼。」

記：好一派英雄氣概，勇往直前，一馬當先射猛虎的豪邁狀。

軾：您以爲我真的吃飽飯沒事做，去打老虎？就算山東真的有老虎，還輪得到我這太守親自去射？

記：那您幹嘛填這〈江城子〉，虛張聲勢？還是碰風成性？

軾：我以孫權乘馬射虎的故事，來彰顯我的豪情壯志，更以馮唐持節雲中的典故，期盼朝廷能讓我將功贖罪，回職中央討平西夏。

記：有用嗎？

軾：皇帝看了我的〈江城子〉，見我一片赤誠，改派我爲徐州太守。

記：徐州古城，自古乃豪傑之地。以您的才氣與文名，匹配歷史古城，可說相得益彰，不讓古人專美於前。

軾：不過我就任徐州太守時，正好碰到河水氾濫，水漫城沿，十分危急，我親率丁夫及武術營士兵，參加築堤搶救工作。經過三個月的奮鬥，河復故道，全城百姓生命財產得以保全。朝廷降詔獎諭，賜錢發粟。

記：有沒有給您調個好差使？

軾：徐州二年任滿，移知湖州。

記：湖州瀕太湖，是魚米之鄉，絲綢之都。這下您總算苦盡甘來，可有一番大作爲了。

新黨、舊黨，都是「尚黑」黨

軾：我在神宗元豐二年（西元一〇七九年）四月到湖州上任。那曉得監察御使，新黨何正臣、舒亶，御史中丞李定等三人分別於六月二十七日、七月二日、七月三日三天，聯手彈劾我。

記：彈劾您什麼？營建「超然台」偷工減料？彈劾您圖利人民？彈劾您欺君騎馬射虎？

軾：他們拿了我的詩文作品，逐字逐句的挑毛病，說這裡譏謗朝廷！那裡又有思想問題！七月二十八日既沒有拘捕狀，也沒有搜索令，就不由分說的派「迅雷小組」像捉強盜般的把我捉走。

記：那您的家人怎樣？

軾：妻子皆哭，親友驚恐，郡人相送，爲之泣下。

記：豈不大家哭作一團？他們是否用直昇機「限時專送」到綠島？

軾：他們用專車、專船解送我到汴京審判，途中親朋好友趕來會面也不准。我在大牢中，受到百般的推問、刑求，尤其御史中丞李定必欲置我於死地。

記：由於獄內生死不明，獄外大家急做一團。

軾：對，我的朋友張安道、范景仁都上疏論救；舍弟子由還爲我乞以自己的官職贖罪；杭州、湖州的百姓們還爲我辦解厄道場。

記：您人緣這麼好，大家爲您消災，相信一定可以化險爲夷的。

軾：最後病中的曹太后爲我在神宗前求情，改判貶官責授黃州團練副使。

記：這次冤獄總共持續多久？

軾：自八月十八日赴獄到十二月二十八日出獄，總共一百三十天，而且子由也因此貶筠州監酒（教育局督學）。

記：那有没有照「美麗島事件受難人」賠償給您三百萬元。

軾：政黨鬥爭，那有什麼賠償，不死就萬幸了。

記：您謫居黃州，有多久？心境上是否有所改變？

軾：前後五年，經過這次入死出生的牢獄之災，我以「有所爲有所不爲，無所求無所不求」自勉，深自韜晦，了然於「安居樂業應知足，處事論人莫過頭」的哲理而寄情於山水、美食、詩詞之間。

記：您如何自處？

軾：我在東坡地方營地數十畝，築一小室，時逢大雪，因題「東坡雪堂」扁額，躬耕其中，自號東坡居士，日以讀書作詩，遊覽名勝，結交方外自遣。

記：那您一定留下很多作品？

軾：計有：〈前後赤壁賦〉、〈念奴嬌．赤壁懷古〉、〈臨江仙〉、〈卜算子〉、〈定風波〉等百餘首，都是這時候的作品。

記：我喜歡那首〈定風波〉：「莫聽穿林打葉聲，何妨吟嘯且徐行。竹杖芒鞋輕勝馬，誰怕！一簑煙雨任平生。　料峭春風吹酒醒，微冷。山頭斜照卻相迎。回首向來蕭瑟處，歸去，也無風雨也無晴。」這可是一首登山遇雨狼狽不堪的寫實詩詞。

軾：您錯了！我屢遭貶黜，有感而發，有如雨中狼狽，卻能怡然自得，相信最後一定會雨過天青，山頭斜照依然充滿著人間溫暖。

記：您這「山頭斜照」是否有絃外之音，希望聖上能夠對您曲加照護。

軾：您還真不錯，讀詞讀到我心深處。

記：不敢，不敢。

軾：未幾哲宗繼位，改元元祐（西元一〇八六年），任司馬光爲相，盡廢新法……。

記：這下您熬出頭了。

軾：奉召入京，由中書舍人，升任翰林學士（替皇帝草擬詔令）。

記：那是「正三品」的官，從此算是入閣了。日將月就，從此進入「柳暗花明又一村」的佳境。

軾：可是好景不常，元祐六年（西元一〇九一年）劉摯爲相，我從翰林學士被黜下台。

記：劉摯身爲舊黨，怎麼會排擠您呢？

軾：您有所不知，當時黨外有新、舊黨之爭，舊黨龍頭司馬光元祐年就相位才八個月即逝世；舊黨羣龍無首，分裂爲三派，蜀黨以我爲首，洛黨以程頤爲首，閩黨以劉摯爲首，互相排擠攻擊。

記：您們怎麼不打出「黨外無黨，黨內無派」的口號，以資統一。

軾：各人山頭主義作祟，誰也不服誰「擁李」、「擁連」、「擁宋……」相持不下。

記：結果呢？「寧贈外人，不予家奴」。政權落入別人之手？

軾：高太后一死，哲宗親政，用章惇爲相，再行新法，舊黨多半被斥逐。

百無一用是書生，官不聊生

記：您從此只好遊走各州縣，再也回不了中央了。

軾：我先後被派爲杭州、潁州、定州、惠州等地太守，七年之間席不暇煖的換了四、五個地方。

記：後來呢？

軾：六十二歲那年，我還被貶到南荒瓊州——海南島。

記：在海南島待了幾年？

軾：前後三年，我此時年老力衰，精疲力竭，元符三年（西元一一〇〇年）遷廉州（今廣東合浦）。

記：您這做官也做得太辛苦了，正可以用「官」不聊生，來形容您這一生。

軾：身爲公務員只有唯命是從。

記：辭職不幹總可以罷！

軾：您没聽過「百無一用是書生」的話，尤其是有思想、有理想，守正不阿的書生。

記：雖怪您要寫〈洗兒戲作〉自嘲一番。

軾：「人皆養子望聰明，我被聰明誤一生；惟願生兒愚且魯，無災無難到公卿。」

記：其實您這一生，還是可圈可點的，雖然没有達成您「上致君，下澤民」的初志；但您在杭州濬西湖，留有蘇堤與白居易的白堤先後輝映；貶黃州築室東坡，又有美味的東坡肉遺愛人間，居潮州有「但願長作嶺南人，日啖荔枝三百顆」的豪

✱蘇隄

氣，還有一大堆的詩、文、詞、畫，是中國文學的大豐收。

軾：這些都是芝麻小事，不值得一提。

記：By the way！您可不可以告訴我「東坡肉」要怎麼做？

軾：幹嘛？

記：有次我到「藍與黑餐廳」，那兒的東坡肉，美味極了，要是我自己會做，我也可以「早晨起來打一碗，飽得自家君莫管。」

軾：做法是把一隻豬，尾巴綁上沾過油脂的柴草，點火讓豬奔跑，直到豬精疲力竭倒地，此時整豬的精英，全在背脊，用快刀割下背脊肉，用慢火燉，少著水，火候足時它自美。

記：一隻豬才做一客「東坡肉」，比「王品台塑牛排」一隻牛只做六客還稀奇！

軾：「王品台塑牛排」總不如我這「東坡一品豬排」。

記：這道菜是您發明，其實您可以向經濟部申請專利，然後向各餐廳收取權利金。

軾：國家衰敗至此，黨爭黑暗如此，再多的權利金又有什麼用；而且「動物保護協會」萬一告我一狀，我就吃不了東坡肉，兜著走呵！

記：＊@π！？

——二〇〇〇．七刊於《乾坤》十五期——

閨閣才女・坎坷一生

～李清照訪問記～

唐詩、宋詞、元曲在我國文學史上「各領風騷」數百年，歷久不衰。多才多藝的李清照，她填詞、作詩，能文、工書，還畫蘭繪竹……是一位貫穿唐、五代、宋三朝的傑出女作家。她的詞與李太白、李後主先後輝映，號稱詞家三李。

她所作的詩詞，時而憔悴慵懶，纏綿悱惻；時而薄霧濃愁、斜風細雨；時而凝眸斷腸、悽悽切切，一副欲語淚先流的哀戚狀。她到底有什麼國仇家恨？還是承受太多的家庭暴力，以至於雙溪舴艋舟都載不動她的許多愁。

詞者，意內言外，屬於表意之言。以其自詩（尤其是樂府）衍化而來，承詩歌之餘緒，因而稱作「詩餘」，又因為其字句有長短之異，也稱「長短句」。

詞之興起，源於樂府，醞釀於齊梁，孳衍於五代，集大成於兩宋（北宋與南宋）。今天記者好不容易訪問到久不露面，我國有史以來最偉大的女詞人——李清照。

天才洋溢．目無餘子

記：李小姐！請接受記者的訪問。

李：通常你們記者的「新聞眼」，像貓兒吃腥似的，緊盯著「俊男美女」追、趕、跑、跳、碰……今天怎麼會看上我這個年已六十，又老、又醜、又凶悍、又喜歡批評人……。

記：您在當時被文藝界封爲IBM與BMW？

李：要我番語？少來了，我可不吃那一套！什麼是IBM，又什麼是BMW？

記：那是Interational big mouth和Big mouth woman的代稱。對了，怎麼回事，你會得到這樣的稱號？

李：因爲我對本朝（北宋）所有的文人，作了毫不留情的批判……。

記：說來聽聽。

李：柳屯田變舊聲，出樂章集，雖協音律，而詞語塵下……。

記：您罵柳永的詞新瓶裝舊酒，出語土俗。還有呢？

李：張子舒、宋子京兄弟、沈唐、元絳、晁次膺……雖時有妙語，而破碎何足名家……。

記：他們寫的詩詞都支離破碎，不能成一家之言。接下來呢？

李：至晏丞相、歐陽永叔、蘇子瞻，學際天人，作爲小歌詞，直如酌蠡水於大海，然皆句讀不葺之詩耳！

記：您的意思是，像晏殊、歐陽修、蘇軾這類究天人之學的大家，填起詞來，有如放大了的小腳，還是脫不了詩的舊框框。

李：王介甫、曾子固文章似西漢，作小歌詞，則人必絕倒，不可讀也……。

記：就算王安石，曾鞏之類的大文豪，寫寫大塊文章則可，作詩填詞簡直是殺雞用牛刀，慘不忍睹。

李：雞脖子被砍斷了鮮血淋漓，結果雞還没死，活迸亂跳的活受罪。

記：那麼晏幾道、賀方回，黃魯直諸人的詩呢？

李：他們的詩猶如貧家美女，雖濃妝豔抹，總欠高貴，又有如良玉有瑕，價自減半矣！

記：所有的文人都被您罵光了，您得罪了人還不自知！現在閒話表過，還是談談您自己吧！

書香門第·翰墨傳家

李：我是山東濟南人，生於宋神宗元豐七年（西元一〇八四年）。

記：聽說您有一個非常顯赫的家世？

李：没什麼啦！父親叫李格非，出於韓琦門下，官至京東路提點刑獄，有聲於齊魯。

記：是宰相韓琦的門生，做過法務部山東省巡迴檢察官。母親呢？

李：母親王氏，是狀元王辰拱的孫女兒。我十八歲結婚，嫁給山東諸城太學生趙明誠爲妻。

記：這樣的家世若不算顯赫，還有誰可比？

李：班昭呢？

記：她爲乃兄班固補全了《漢書》的〈八表〉與〈天文志〉，忝列史學家，

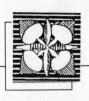

究竟只是承兄之業，何況司馬遷還遙遙在先……。

李：那蔡文姬呢？

記：她的〈悲憤詩〉二章與〈胡笳十八拍〉哀楚動人，成爲千古絕唱，不過一幅〈文姬歸漢圖〉被迫棄夫離子的慘狀，絕不下於韋莊的〈秦婦吟〉，牽腸掛肚的過下半輩子。

李：那薛濤和魚玄機呢？

記：她們雖有敏捷的才華和創作的天才，但在唐朝多如繁星的男詩人下，非但不能相得益彰，反而落得出家做道士，或孤獨而終，或受屈而死的下場。

李：各人的福報不同，也不能一概而論。

記：讀者最關心的還是您的婚後生活，談談您那趙公子如何？他是不是與您很登對？

婦倡夫隨，樂在其中

李：他是吏部侍郎（相當於今考選部次長）趙廷之的兒子，是個金石專家。

記：何謂金石家？您爲什麼不選個詩人或詞人。

李：金石家就是藝術收藏家。這樣我們就相得益彰可以婦倡夫隨，不但不會掩蓋我在詞作上的成就，反而更能襯托出我的不凡。

記：舉個例子說說看！

李：我們剛結婚時，由於他還是個太學生，没有俸祿的收入，生活很窮困……。

記：你們兩家都是官宦世家，怎麼會窮困？

李：我們只沈迷於我們的藝術收藏與蒐集，才不管上一代人的黨爭與政爭。

記：怎麼個沈浸於藝術金石？

李：每逢初一、十五兩天「相國寺」大趕集的日子，常常把身上的衣物當個五百銅板，買碑文的拓本，水果回家，相對展現文物、咀嚼水果，過一種葛天氏之民的生活。

記：趙明誠太學畢業以後呢？

李：我們才稍有收入，於是更勤於搜藏天下古物奇字。

記：瘋狂到什麼程度？

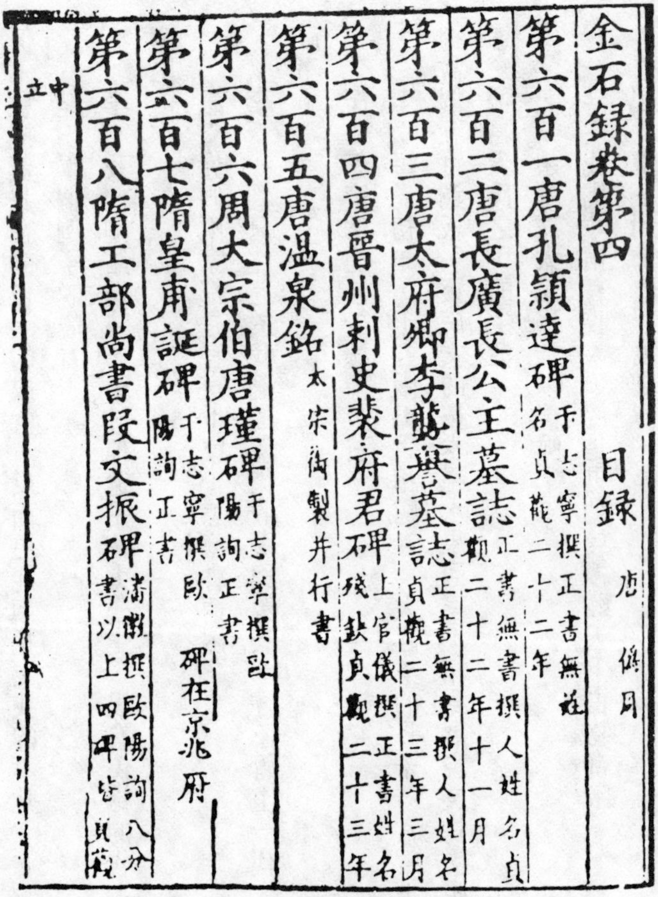
金石録卷第四
目録　唐　僞周
第六百一唐孔穎達碑于志寧撰正書無姓名貞觀二十二年
第六百二唐長廣長公主墓誌正書無書撰人姓名貞觀二十二年十一月
第六百三唐太府卿李襲譽墓誌正書無書撰人姓名貞觀二十三年三月
第六百四唐晉州刺史裴府君碑上官儀撰正書姓名殘缺貞觀二十三年
第六百五唐溫泉銘太宗御製并行書
第六百六周大宗伯唐瑾碑于志寧撰歐陽詢正書
第六百七隋皇甫誕碑于志寧撰歐陽詢正書　碑在京兆府
第六百八隋工部尚書段文振碑潘徽撰歐陽詢八分書以上四碑皆貞觀
中立

＊宋刻本趙明誠《金石錄》

李：有一次有人拿了徐熙的〈牡丹圖〉，求售二十萬錢〈相當於新台幣貳萬元〉，我們在手上留了兩個晚上，籌不到錢，最後還是眼睜睜的還給人家。

記：引爲終身憾事？

李：我們每天下班，吃完晚飯後，在「歸來堂」書齋中烹上一壺茶，相擁而坐，指著堆積的書史畫册，以打賭來猜測某一件事情或某一句子在某書某頁甚至某行……。

記：賭什麼呢？

李：輸的必須奉茶給贏的喝。

記：有時也獻吻給贏的一方？

李：閨房之樂，那當然是免不了的。

記：因而常常弄到茶杯傾覆於懷中，大笑而更衣……。

李：其中樂趣您可以想像於萬一的。

早期作品：歡樂、愛戀、彩色

記：所以您早期的詞作，充滿著歡樂、愛戀，甚至有點「限制級」的色彩。

李：像「蹴罷鞦韆，起來慵整纖纖手。露濃花瘦，薄汗輕衣透。見客入來，韈剗金釵溜，和羞走。倚門回首，卻把青梅嗅。」

記：這首〈點絳脣〉描寫一位二八姑娘於薄霧、花開的早春，在後院子盪罷鞦韆，正薄汗淋漓輕衣透，懶整衣裳之時，突然闖進一位翩翩年少……。

李：於是我立刻提著鞋子，光著襪子，含羞疾走，也顧不得頭髮鬆散，金釵落地……。

記：臨了躲到門邊卻又有所期待，想看一看到底是何方白馬王子，夢中情人……。

李：我假裝著嗅青梅，偷偷地看了他幾眼，以滿足我的好奇心——怕見又想見，想見又不敢大刺刺去見。

記：刻畫出一個天真純潔，感情豐富，卻又受拘於禮教的矜持少女情懷。

李：這是我和趙明誠的「第一類接觸」。

記：那〈一剪梅〉呢？

李：「紅藕香殘玉簟秋，輕解羅裳，獨上蘭舟。雲中誰寄錦書來，雁字回時，月滿西樓。 花自飄零水自流，一種相思，兩處閒愁，此情無計可消除，才下眉頭，卻上心頭。」

記：這首詞用紅藕、香殘、玉簟秋的實景，襯托出在「已涼天氣未寒時」節，用浮雲、回雁、月滿西樓、水流、花飄……描寫淒涼獨處內心的寂寞，再以「才下眉頭，卻上心頭」，形容「兩處閒愁」、相思之苦；最後在「輕解羅裳，獨上蘭舟」進入巫山雲雨的幻境。

李：這〈一剪梅〉描寫我們在熱戀中。

記：您不是十八歲就已結婚了，怎麼反倒過來戀愛了。

李：我們那時候的人是先結婚才戀愛，不像現代e世代的人只戀愛不結婚，而且一結婚即成冤家吵離婚。

記：讓我們再談您另一首〈點絳唇〉。

中期作品：傷春、傷別、傷感

李：「寂寞深閨，柔腸一寸愁千縷，惜春春去，幾點催花雨。 倚遍欄杆，祇是無情緒，人何處？連天芳草，望斷歸來路。」

記：這可是一首閨怨詞，從傷春、傷別到傷感，無盡相思淚，縱使倚遍欄杆，望斷天涯路，總解不了柔腸寸斷、千縷長愁之苦。

李：證明我倆情愛之篤與彼此信任之深。

記：那〈醉花陰〉呢？

李：指的是那首：「薄霧濃雰愁永晝，瑞腦消金獸，佳節又重陽，玉枕紗廚，半夜涼初透。東籬把酒黃昏後，有暗香盈袖，莫道不消魂，簾捲西風，人比黃花瘦。」？

記：這詞寫的似乎是深秋時節，過重陽佳節的即興之作？

李：這是我們婚後不久，明誠遠遊他方，我在重陽佳節作是詞，以寄相思之情，促其早歸……。

記：趙公子是否立即買棹東返？

李：他不但回家而且對這首詞極度讚賞，自歎不如之餘卻又不服氣……。

記：那又怎樣？有妻才高如此，暗爽之餘又有點忌妒，這正是人之常情。

李：他閉門謝客，廢寢忘食三日夜，一口氣寫了五十首詞，夾雜著我的〈醉花陰〉，去給他的友人陸德夫鑑定。

記：結果如何呢？

李：陸德夫品玩再三，說只得三句絕佳。

記：那三句？

李：正是我的「莫道不消魂，簾捲西風，人比黃花瘦。」

記：情意纏綿無盡，自憐、自艾之餘，無限風情，他會更愛您。

李：怨只怨在二十九年的幸福生涯中，爲了生活他必須南北奔波任官，因而聚少離多，頻添許多數不盡的離愁恨與相思苦。

記：您曾鋪過〈鳳凰台上憶吹簫〉？

李：「香冷金猊，被翻紅浪，起來慵自梳頭，任寶奩塵滿，日上簾鉤。生怕離懷別苦，多少事，欲說還休。新來瘦，非關病酒，不是悲秋。休休，這回去也，千萬遍陽關，也則難留。念武陵人遠，煙鎖秦樓，惟有樓前流水，應念我終日凝眸。凝眸處，從今又添一段新愁。」

記：由於金人入寇，時局不靖，盜賊遍野，造成小家庭倆夫婦到處流亡。

李：人流亡還在其次，最頭疼是我們那十五大車的書畫、金石、骨董

✷鳳凰台上憶吹簫(見明刊《詩餘畫譜》)

……。

記：有時書畫、古董，比人還重要！

李：說的也是，人浸水、受傷還可以復原，書畫金石一進水就「泡湯」了。

記：那是一個「二萬五千里」的長程流亡曲。

李：我們從山東進入蘇北，渡江到金陵（今南京），再到湖州，臨安（今杭州）……。

記：總算可以落腳有喘息之處。

李：結果他累得病倒了，一病不起，拖到建炎三年（西元一一二九年）便死了，得年四十九歲。

記：後來呢？

李：屋漏偏逢連朝雨！

記：俗語說：「禍不單行，福無雙至。」一一應驗！

李：我年紀輕輕的（四十七歲）死了丈夫，接著金兀朮引兵大舉南犯，攻占南京……。

記：從此天下大亂，形成一波波難民潮。

晚期作品：悲傷、憤怒、吶喊

李：我從南京、杭州、紹興、金華到寧波再到溫州，在浙東繞了個大圈子，最後金兵北退，才從海路在臨安苟安定居下來。

記：您那十五大車的古器書物呢？

李：人且不保，何況身外之物，所謂「上窮碧落下黃泉」的苦況，也不過如此而已。

記：這時您已無心寫詩填詞了？

李：文窮而後工，我寫得更起勁，我悲哀，我憤怒，我更需要發抒我內心深處的「吶喊」。

記：文風一變從早期羞澀、歡愉之樂；經中期愛戀、相思之苦；再到悲憤、愁苦之音。像〈南歌子〉。

李：「天上星河轉，人間簾幕垂。涼生枕簟淚痕滋，起解羅衣、聊問夜何其？ 翠貼蓮蓬小，金銷藕葉稀。舊時天氣舊時衣，只有情懷不似舊家時！」

記：沈哀欲訴無處訴，蠟炬成灰淚未乾，何以度永日？

李：所以才有〈御街行〉之作。

記：是那首：「藤牀低帳朝眠起，說不盡無佳思。沈香煙斷玉爐寒。伴我情懷如水。笛聲三弄，梅花驚破，多少春情意。 小風陣雨蕭蕭地，又催下千行淚。吹簫人去玉樓空，腸斷有誰同倚？一枝折得，人間天上，没個人堪寄。」

李：相思之苦，哀念之切，全都隨著簫聲，遠傳九霄，託附檀郎。

記：您最膾炙人口的還是那首〈武陵春〉的悼亡曲。

李：「風住塵香花已盡，日晚倦梳頭，物是人非事事休，欲語淚先流。 聞說雙溪春尚好，也擬泛輕舟，只恐雙溪舴艋舟，載不動許多愁。」

記：愛人既逝，家園已毀，年華老去，生意全失，無心於化粧修飾，後句「載不動許多愁」，絕望、悲哀之情，直扣人心。但我最欣賞的還是您那首〈聲聲慢〉。

李：「尋尋覓覓，冷冷清清，悽悽慘慘戚戚。乍暖還寒時候，最難將息。三杯兩盞淡酒，怎敵他晚來風急！雁過也，正傷心，卻是舊時相識。」

記：每逢佳節倍思親，尤其重陽佳節，百般無聊之中，意欲借酒澆愁，愁更愁。

李：「滿地黃花堆積，憔悴損，如今有誰堪摘？守著窗兒，獨自怎生得黑！梧桐更兼細雨，到黃昏、點點滴滴。這次第，怎一個愁字了得？」

記：這真是千古絕唱，不做第二人想。

李：那可是我汗珠、淚珠、滴血之作……。

記：能博得「第一女詞人」的頭銜，還是值得的。

——二〇〇〇·一〇刊於《乾坤》十六期——

詩書畫三絕·氣意趣三真

～鄭板橋訪問記～

鄭板橋名燮字克柔，江蘇興化人。生於清康熙三十二年（西元一六九三年），死於乾隆三十年（西元一七六五年）。他以繪畫傳世，擅長作詩填詞，統稱詩書畫三絕；他的字隸、楷、行、篆熔於一爐，自成一體。初看甚醜，細體之餘，方知隨筆揮灑，意之所在，別具風格。

他專畫蘭竹，間以石塊，「咬定青山不放鬆，立根原在破巖中，千磨萬擊還堅勁，任爾東西南北風。」他作字如寫蘭，寫蘭也如作字；他更作隸如寫石，寫石也如作隸。他把詩書畫的妙處和他古怪性情融為一體。

看過他的「家書十六通」，深覺他不以畫畫、吟詩，寫字為已足，他是個大有胸襟，大有抱負的人，他恫瘝在抱，有「助君澤民」之志，卻以區區七品縣令，罷官求去。板橋呀！板橋，即使您有十支生花妙筆，也寫不盡您的委屈，畫不出您的理想國——Utopian。

藝術無價．有錢就畫

記：板橋先生，自從乾隆十年（西元一七四五年），從山東濰縣稱病乞休以後，您都躲到那兒去了？找得我好苦啊！

鄭：找我幹嗎？想要討一幅我的畫？我的畫可是用來賣錢養家活眷的，可不是畫著玩兒的。

記：什麼價錢？

鄭：大幅六兩（銀子），中幅四兩，小幅二兩；書條對聯一兩，扇子斗方五錢。凡送禮物食物，總不如白銀爲妙……。若送現銀，則中心喜樂，書畫皆佳。禮物既屬糾纏，賒欠尤恐賴賬，年老神倦，不能陪諸君子作無益語言也。

記：爽快，爽快！您這套「量身定做」的畫則，是跟誰學的？我看有史以來，從沒有像這樣的「潤例」，您不覺得有損畫家的「格調」。

鄭：從那兒說起呢？

記：您的藝術成就，被稱爲詩、書、畫三絕，您的書法尤有特色，歪歪斜斜的熔隸、篆、楷、行於一體，別有風格，有史以來堪與蘇東坡媲美。

鄭：好說，好說，溢美之處愧不敢當。

記：您這書畫技巧，是出於天賦？還是出於後天力學？什麼時候立志成爲一個偉大的畫家？

鄭：我從小就喜歡塗塗抹抹，但從來就不想做個藝術家？

記：爲什麼？

鄭：寫字作畫應是雅事一樁才對。

記：當然了，不然立法院、監察院爲何放著正事不幹，去搞畫法社、繪畫社、攝影社甚至舞蹈社等玩意兒？

鄭：大丈夫不能立功天地，寄養生民，而以區區筆墨供人好玩，非俗事而何？

記：您把所有的藝術家一桿子撂倒了。

鄭：可不能一概而論：像蘇東坡刻刻以天地萬物爲心，以其餘閒作爲枯木竹石，不爲害也。

記：正所謂「書詩畫之餘，別有天地寬」，這是第一等的藝術家。

鄭：至於王摩詰（維）、趙子昂輩也不過唐宋間兩大畫師而已。

記：至於其他的文人名士呢？

鄭：若說到名士只有諸葛孔明才擔當得起，至於那些會寫二個字，塗鴉二筆的，滿坑滿谷的所謂「名士」，那真要令諸葛懷羞、高士齒冷呢！

記：您自己呢？

鄭：我少無正業，長而無成，老而窮窘，不得已借筆墨作爲餬口覓食之資而已，一樣可羞。

記：您忒自謙了，您本來想做什麼的？

康熙秀才、雍正舉人、乾隆進士

鄭：我少年時讀書非常用心，對於八股文很有心得，不到二十歲就考上秀才。想當然的要一展救國拯民的壯志。

記：您後來怎麼不繼續在功名中求上進？

鄭：一名秀才不事生產，加上家中食指浩繁，無以爲生。

記：您可以開館授徒啊！

鄭：鄉下人沒什麼收入，付不起束脩。

記：您總得找個營生之法。

鄭：學詩不成，去而學字；學字不成，去而學畫。

記：就這樣您以賣畫爲生。

鄭：日賣百錢，以代耕稼，實救困貧，亦聊以解嘲而已。

記：像這樣的日子過了多少年？

鄭：我在揚州浪迹十年。那時候我沒有名氣，畫也賣不掉，夫婦、一子、二女一家五口，生活非常清苦。

記：苦到什麼程度？

鄭：真所謂「家徒四壁，三餐不繼」的慘狀，「寒無絮落饑無糜」，兒女們經常啼號觸怒了我，鞭打一頓。

記：沒辦法餵飽孩子還打孩子？

鄭：心煩嘛！打完了又「慚對吾兒淚數行」！

記：一句話，萬方無罪，罪在貧窮。

鄭：三十歲那年我父一病不起，我只好帶著一家大小回鄉守喪三年。

記：這三年您又怎麼營生？

鄭：先前在揚州多多少少還可以賣他一些畫，到了鄉下畫更賣不成，只好找幾個小蘿蔔頭，教讀過日。

記：您對教書很有興趣嗎？

鄭：學俸少學生吵，加上自身窮困的遭遇，喪父之後二年內又喪子，百般無聊之際「看書倦當枕頭眠，蕭騷易惹窮途恨，放蕩深慚學俸錢」，我怎麼樂得起來？

記：上窮碧落下黃泉，吊在半空中上下不得，真是無可奈何。

鄭：我有時候真想放下學生，「欲買扁舟從釣叟，一竿春雨一蓑煙。」學學陶淵明離開這個紅塵世界，可是我又辦不到，一家五口的生活擔子，加上三次喪葬的負債。

記：山窮水盡疑無路？

鄭：唯一的消遣是「得句喜撚花葉寫」，寫詩、畫畫是我唯一的寄託。

記：人云：「窮而後工」，反正畫也賣不掉，這一時期的畫純粹是心靈的寄託，生活的寫實。反倒放得開。

鄭：三年守喪期滿，我又回到揚州作畫、賣畫。

記：此番馮婦重作，又飽經憂患冷暖，您的畫作應該大有精進，別有風格才對。

鄭：這次我學乖了？

記：怎麼個聰明法？

鄭：您知道畫家光憑ＩＱ作畫賣畫，是賺不了錢的，還要有ＥＱ方可。

記：作個畫家也要什麼ＩＱ、ＥＱ的，這我就不懂了。

鄭：這次我到揚州後，首先加入了「揚州八怪繪畫學會」，大家互通有無，人捧人高，交遊日廣，就能打入市場，求畫、買畫的人就越來越多。

記：還有這碼子事兒？

鄭：其中「揚州書畫會會長」李鱓，我跟他走得最近，他告訴我要學、官、產三棲，才能名傳千古。

記：這我更不懂了。

鄭：意即除了在畫作藝術上求精進外，在科場更上層樓；當然，若能求田、問舍、置產……那麼地位就更高，講話最大聲了。

記：畫畫的背後，還有這麼多的「相關企業」？

鄭：所以我在四十歲（雍正十年）那年，參加秋試，果然一炮即中。

記：「十年寒窗無人問，一舉成名天下聞」，就是您切身的寫照。

鄭：前半句話是說我當年浪迹揚州無人問津，後半句指的就是我考取舉人，所以才叫做一「舉」成名。

記：講話有比較大聲嗎？

鄭：當然囉！不然「大幅六兩、中幅四兩……」這種話，歷史上有誰講過？

記：雖然一舉成名，還是不能「釋褐」（脫掉百姓衣服）做官。

鄭：四年以後，乾隆元年，我應禮部試，列名「二甲」賜進士出身。

記：這就是您自刻「康熙秀才、雍正舉人，乾隆進士」一方圖章的來由。

鄭：為了報效國家，前後經過二十四年的奮鬥。

僧尼有情，縣長玉成

記：從此，您踏入了宦途。

鄭：考取進士，不久分發到山東范縣擔任知縣。

記：范縣有多大，在山東省那個方向？

鄭：在山東西南角落，介於河南、河北、山東交界處，我當縣令時，全縣只有四、五十家居民負城牆而居。

記：這那裡是縣？簡直是一個小村莊嘛，比之台灣一個鄰里還要小，台灣一個小里長月入新台幣四、五萬，又是選舉的樁腳，比您這個縣長神氣多了。

鄭：那有什麼辦法？此一時也，彼一時也，若要人比人，那真會氣死人咧！

記：我讀您的詩：「……落花廳事淨無塵，苦蒿菜把鄰僧送，禿袖鶉衣小吏貧……」真是個政簡、事少、離家近的好差使。

鄭：而且「廨破牆仍缺，鄰雞喔喔來，庭花開扁豆，門子臥秋苔，晝鼓斜陽冷，虛廊落葉迴。」〈詠破衙詩〉

記：縣府像個破落戶，而且門可羅「雞」，警衛也樂得睡大覺、落葉也沒人掃，那您有什麼「公」好辦的！

鄭：每天上午我都在縣衙內寫寫字，畫畫蘭、竹、石頭，下午則到處走走……。

記：午後散步去百病兼採訪民隱，人家是三百零九個鄉鎮走透透，您是四、五十戶人家走遍遍。

鄭：我可不是吹牛的，縣裡每一戶人家我都叫得出名字來。

記：您也算是個親民、愛民的縣長，現在許多的大小官員也都向您看齊，放著正經的事不幹。上午到花蓮，下午到澎湖；一會兒到婦女會抱小孩，一會兒與「喜憨兒」玩麵粉的。

鄭：二十一世紀大有爲的政府，還有這種官員，未免太離譜了。

記：您有沒有閒來無事，三不五時發表一下「兩國論」？

鄭：什麼是兩國論啊！

記：大清一國，大漢一國，本來就是one nation two states。

鄭：找死啊，自己活得不耐煩，尋死就算了，何必連累百姓，爲害子孫呢？

記：我們言歸正傳。記憶中，您在范縣可有什麼「特殊政績」？

鄭：我斷了一件「僧尼通姦」案。

記：僧尼通姦？那是最犯忌的，說來聽聽嘛！

鄭：有一天我正在花廳畫蘭竹，鄉人綁了一個光頭的年輕人。說是「崇仁寺」的和尚與「大悲庵」的尼姑，破壞清規、勾搭成姦，最後紙包不住火，女尼中圍漸大，要我予以處置。

記：這個案子事關風化，而又牽涉到佛門令譽，您怎麼斷案？怎麼判罪？

鄭：我一看和尚年輕，尼姑清秀，很「適配」，於是題了一首詩，作爲判決。

記：那詩是怎麼寫的？

鄭：「一半葫蘆一半瓢，合來一處好成桃；從今人定風規寂，此後敲門月影遙。鳥性悅時空即色，蓮花落處靜偏嬌……。」

記：啊！您判他們兩人還俗成婚？這成何體統？豈不是「圖利他人」！

鄭：不然呢？總不能叫他們去打胎？總不能判兩人死刑，那可是兩屍三命噢！

記：據說詩的最後兩句，竟然是「是誰勾卻風流案，記取當年鄭板橋」。好可愛的縣太爺！

賑濟災民、得罪巨室

記：您在范縣任縣長多久？

鄭：整整六年。

記：這種縣長您也耐得住寂莫，一幹六年。

鄭：那有什麼關係，每天吟詩、喝酒、畫畫，跟鄉間父老談談天、話話家常，不也是很愜意嘛？

記：後來怎麼會調到濰縣？是您去活動的？

鄭：我有個書畫朋友叫于敏中的，據說年輕時任過相國，封過郡王，他常到我那裡論畫說詩的。有次他問起我的工作近況，我無心的發了個牢騷……。

記：什麼樣的牢騷？

鄭：我在一首詩中，有：「一別朱門，六年山左，老作風塵俗吏，總折腰爲米」這樣的句子。

記：結果您這位「貴人」，替您謀了個好職位？

鄭：于敏中給山東撫台打了個招呼，於是我被提到濰縣當縣令。

記：那是一等縣，而且是個工商業發達的肥缺——有如台北縣。

鄭：對我來講肥缺、瘦缺都一樣。

記：爲什麼？

鄭：因爲一我不貪污，二我無爲而治。

記：您照樣每天吟詩、喝酒、畫畫……

鄭：不然我還能做什麼？

記：濰縣幹了多久？

鄭：也是六年。

記：爲什麼會離開？

鄭：被人參奏一本。

記：這何以堪？

鄭：于敏中愛我適足以害我。

記：何以說？

鄭：我原先在窮鄉僻壤的范縣，每天吟詩、喝酒、畫蘭竹、石頭，政簡事閒的，沒人管我，也沒人捅我。

記：那是個鳥不拉屎、雞不下蛋、烏龜不上岸的小縣份，沒有人要去。

鄭：可是濰縣是個大縣、富縣，可就不同了。

記：很多人紅著眼睛看您，巴望您出事，好取而代之。

鄭：山東連著二年發生災荒，濰縣百姓逃荒的逃荒，餓死的餓死，富豪人家還屯積居奇，我一看實在不忍心。

記：怎麼辦？

鄭：我除了查封公私大戶糧倉，下「緊急命令」開倉平價救饑，另外辦理「公共工程」，以救濟貧民。

記：怎麼個推行「公共工程」？

鄭：用「以工代賑」的方式，修城築池，挖井填壑，召集全縣饑民作工就食，用以渡過荒欠。

記：您做得蠻好的，而且很有現代「總體經濟」的觀念，皇帝有沒有給您褒獎。

鄭：人家告我「圖利他人」，並藉賑災大興土木，中飽私囊……。

孟子說：「爲政不得罪巨室」。

記：您就這樣被罷官了？

鄭：其實罷官也正合我意。

記：怎麼說？

鄭：對我來說，正是一種解脫。有詩爲證：「烏紗擲去不爲官，囊橐蕭蕭兩袖寒，寫出一枝清瘦竹，秋風江上作漁竿。」

記：就因爲您不同流合污，與他們一起貪污，所以才被誣告您貪污。

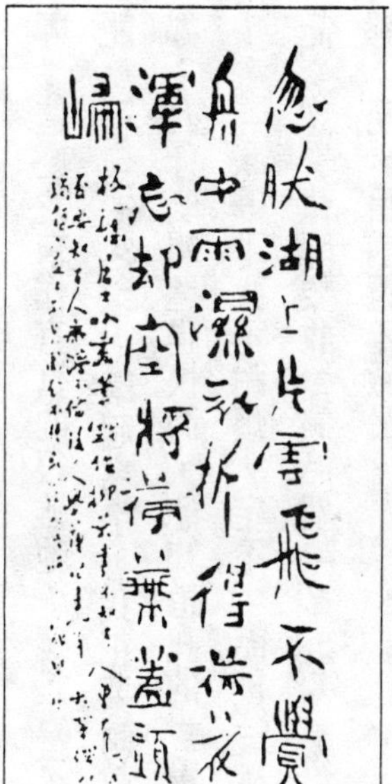

＊鄭板橋畫柳葉

作朝廷官，不如寫老婆帖

鄭：這麼說來作官真的很難吔！還是寫字畫畫好！

記：By the way！講起寫字，我正要請教您……。

鄭：有什麼問題趕快問，您知道我的「畫則」是：「大幅六兩、中幅四兩……」。等下我不耐煩，定下「話則」，您就來不及了。

記：您學律師要收「談話費」？

鄭：至少目前還不致於。

記：對了！您寫的字，歪歪斜斜的，初看覺得很醜，非隸、非篆又非楷，可是仔細一看，揮灑自如，別有韻味，您趁機給讀者們介紹一下，您寫的是什麼體？

鄭：我寫字初學晉帖，繼則魏碑；崔、蔡、鍾、繇，無所不學。

記：您一度立志成爲書法家。

鄭：我日夜揣摩，到了廢寢忘食的地步。

記：您廁餘寫，飯餘寫，甚至夜裡上牀睡覺也摩索。

鄭：有一次還在太太的肚皮上「臨摹」起來了。

記：您夫人有沒有不高興。

鄭：她半夜被我吵醒十分不高興，甩開我的手罵道：「人各有『體』，不寫自己的體，亂畫別人的體，有什麼用？」

記：您夫人未免太不「體」貼了，連這小事也要計較？

鄭：不過，她這話對我可是個大啓示？我爲什麼要學別人的體？何不自創一體。

記：這就是「板橋體」的來由。

鄭：這是老婆給我的靈感，應該叫「老婆體」才對。

記：哈哈，哈哈！

——二〇〇一·元刊於《乾坤》十七期——

詩人‧情人‧中國的拜倫

~徐志摩訪問記~

在中國近代文壇上，不可否認的，徐志摩是一顆閃亮的彗星。

但，正當人們翹首仰望，有所期的時候，他卻於西元一九三一年十一月十九日，從南京飛往北京的「濟南號」班機中，消失在漆黑的濟南夜空裡，他來不及「揮一揮衣袖」就走了，雖「不帶走一片雲彩」，卻留下無限的遐思……。

徐志摩原名章垿，小字又申。西元一八九六年生於浙江省海寧縣硤石鎮。西元一九一八年八月離開北大入美國克拉克大學習經濟，立志成為中國的漢彌爾頓（Hamilton），改名為志摩。隔年九月進紐約哥倫比亞大學研究院習政治，得有文學碩士，再入英國劍橋大學從拉斯基（Harold Laski）學習政治。

徐志摩是個罕見的天才，散文、小說、評論、繪畫、音樂、戲劇、日記、情書……樣樣都來，篇篇精采。足可與宋朝蘇軾一較短長。二十五歲（西元一九二一年）那年徐志摩在英國沙士頓（Southampton）遇到年方十六歲（正所謂二八姑娘花樣的年華）的林徽音。他像是遇到一陣「奇異的風」和一片「奇異的月色」，彷彿感覺到整個生命注入了「靈感的源泉」，他的詩興、詩意、詩情，有如山洪爆發，土石流奔騰，不分方向，不論時機，向四面八方發射、衝刺……。

這個十六歲的小姑娘，撩撥了偉大詩人的心靈深處。「愛」，使得詩人忘我、發狂，他即時與妻子張幼儀離婚，從英國追到上海、北京、瀋陽……最後新郎竟然不是詩人。於是他轉而猛力追求「美艷慧絕」卻是有夫之婦的陸小曼，他還和凌叔華大談「柏拉圖式的戀愛」。詩人生性浪漫，他做詩兼具音樂美、繪畫美與建築美，當然「窈窕淑女」之美，他也絕不放過。

望族之子，棄商從哲

記：自從公視上映《人間四月天》以來，詩人與張、林、陸、凌四大美女的戀愛故事，即使Y世代的青年男女也要自歎弗如了。

徐：往事如煙，不堪回首……。

記：今天應廣大、熱情讀者的要求，造訪詩人。三十六歲那年，您揮一揮衣袖，不帶走一片雲彩走得很突然，卻留下許多疑點。您可不可以藉這個機會「説個清楚，講個明白」，免得大夥兒「霧煞煞」。

徐：我是浙江省海寧縣硤石鎮人。

記：海寧縣在清朝專出宰相，是所謂「宰相的家鄉」，難怪您這一生天才洋溢、思路如湧泉。

徐：不過我們家族原先卻不以「書香門第」自詡，而是以做生意成爲望族。

記：怎麼説？

徐：家父申如先生與江蘇南通張謇先生很要好，他倆是企業界的好友。

記：您生長在一個實業望族之家，怎麼不繼承父祖的衣鉢從商，而醉心於新文學——尤其是新詩，而後成爲與郭沫若齊名的新詩人。

徐：我是父親的獨子。他當然希望我學財經，能克紹箕裘，以承父業。而且我深信實業能救祖國之說，那時候我只要一見冒著黑煙的煙囪，自然就生油然之心，認爲國家有救了。

記：當時中國正處於窮困之境地。

徐：所以我自杭州一中畢業，歷北大到美國克拉克大學，都以財經、社政爲我的主修科目，有一陣子我還立志做個中國的漢彌爾頓呢！意欲改革中國的財政。

記：他是華盛頓時代的財政部長。對了！我看了您的簡歷，您自杭州一中畢業後，進過上海浸信會學院暨神學院、滬江大學、北洋大學、北京大學等四個大學，是不是不專心讀書，專搞外務，以致於被「二一」踢出校門？

徐：那有？我們那時候讀大學是先讀預科（一、二年），再讀本科（二、三年），我先進上海浸信會學院讀預科，平均成績都在九十分以上，後來這個學院改名升格爲滬江大學；兩年後我轉學進北洋大學法科，到了西元一九一七年北洋法科併入北京大學法學院。

記：這麼說來，您從西元一九一四年至一九一八年四年之中，很正常的讀完了大學學程（包括大學預科與本科）。

徐：不過我在北大並沒有畢業，除了修英文外，還旁聽法文與日文……。

記：爲什麼？一個法科學生要讀這麼多的語文科目。

徐：因爲那時候我已決定赴美求學，已不在意於國內的文憑，一心要到新興的資本主義國家——美國留學。

記：到了美國這個花花世界，思想上有沒有受到很大的衝擊？

徐：我到美國，先後進克拉克大學與哥倫比亞大學研究院，分別得到歷史學士與經濟碩士的學位。在我修了歐洲現代史、歐洲社會政治學、國家主義、勞工問題以及歐文（Robert Owen, 1771～1858）、馬克思等人的著作後，我突然對現代工業起了反感，思想上嚮往社會主義。

記：從社會主義到尼采（Friedrich Nietzsche, 1844～1900）超人哲學到共產主義正是當時年輕人的一貫思路。

徐：我雖非真心的擁護共產主義，但我書架上一大堆這類書籍，在紐約有陣子有些中國人都稱我爲「布爾什維克」人。

記：意即共黨同路人之義。

徐：最後我迷上了羅素（Bertrand Russell）。

記：就是那個自認掌握他一生的力量有「情愛」、「求知」、「對人類苦難之無可忍受的關懷」的英國哲學家。

徐：羅素是劍橋大學的名師，於是我決定擺脫哥倫比亞大學大博士的引誘，到英國追隨羅素。

記：您這麼隨性？事先有沒有跟他連繫，有沒有向劍橋大學申請Admission？

徐：都沒有！而且我一到英國才得知，羅素早在四年前就因爲離婚事件被劍橋大學除名了。

記：老遠的橫渡大西洋卻撲了個空，那怎麼辦？

徐：只好進倫敦大學政經學院跟拉斯基念博士。

記：您在當代政治學巨擘門下，很輕易的拿到學位？

徐：什麼學位也沒拿到。

記：爲什麼？

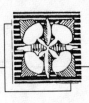

建築學的眼睛，詩人的心靈——林徽音

徐：我遇到了林徽音小姐，而且立刻著迷瘋狂、不顧一切的愛上了她。

記：誰是林徽音？

徐：她是司法總長林長民的掌上明珠。林總長解職後帶著愛女漫遊歐美各國，我在倫敦時見到了他們父女倆。她那年才十六歲。

記：她是個怎樣的女孩？

徐：她才貌雙全，無與倫比，剎那間有如閃電雷擊般，點燃了我的生命；她又像一陣奇異的風、一片奇異的月色吹響了我空虛的心笛，照亮了我生命的源泉……。

記：真有這麼明艷、美麗、有才華的女人？那您就愛她、追她，爲什麼要說不顧一切呢？

徐：因爲我已經結婚了，而且是二個孩子的父親，太太張幼儀就在身旁。

記：大事不妙！您不愛您的夫人？

徐：在我二十歲她十六歲那年奉父母之命、媒妁之言結婚的。

記：你們之間沒有感情？她很醜？她家世不好？她配不上您？

徐：她是醫生張祖澤的女兒，她的兄長張家森（君勱）、張嘉璈（公權）等在當時是著名的政治家、銀行家。家世不可一世，人也長的端雅嫻淑，線條美麗，真可說是秀外慧中。她沒什麼好讓我挑剔的，我們也很相愛……。

記：那爲什麼喜新厭舊？

徐：「愛」這個東西，是無法理解的。

記：那時候你們結婚幾年了？

徐：七年。

記：該不會是犯了「七年之癢」吧！

徐：很難說，也許有這麼一點點，也說不定。

追求靈魂的伴侶

記：您和林在英國熱戀？最後向她求婚了？

徐：我沒有向她求婚，但爲了表示對她的眞愛，我跟幼儀在吳經熊與金岳霖二人的見證下，簽下離婚協議書。

記：幼儀答應了？

徐：幼儀是個兼具溫、良、恭、儉、讓舊道德的新女性，爲了愛我，爲了不使我失望，答應了；但是，要求我如果可以的話，讓她先稟准父母親……。

記：結果呢？

徐：我那時真的給愛情矇住眼，沖昏了頭。堅決的說：不行，不行，你曉得，我沒時間等了，你一定要現在簽字，因爲林要回國了，我非現在離婚不可。

記：西元一九二二年三月，您拿到離婚協議書立刻向林徽音求婚？

徐：那知她早就離開英國回北京了。

記：於是您立刻趕回國？

徐：沒有！那時我正在劍橋王家學院修課，直到半年後……。

記：這六個多月的日子，您是怎麼過的？

為愛寫詩，為愛瘋狂

徐：我感到百般無奈，心中像是被千條百隻的蟲在啃蝕，整個心頭鬱積得載不動許多愁，呼天天不應，搶地地不理，也不知美人身在何方？

記：離婚後的失落感加上預期愛情的失落，訇然而出。

徐：我把所有的感觸付託腕底胡亂給爬梳出來，有如喊「救命」似的急切，有的還都見不得人的。

記：您開始寫詩……。

徐：像「我是天空裡的一片雲，偶而投影在你的波心——你不必訝異，更無須歡喜……」〈偶然〉

記：像「在一間暗屋的窗前，望著西天邊不死的一條縫，一點光，一分鐘。」〈闊的海〉

徐：像「你真的走了，明天？那我，那我，那我……你也不用管，遲早有那一天；你願意記著我，就記著我，要不然趁早忘了這世界上有我……只當是一個夢，一個幻想……是！我聽你的話；我等！等到鐵樹兒開花，我也得耐心等；愛，你永遠是我頭頂的一顆星……」〈翡冷翠的一夜〉

記：像「今晚的月亮，像她的眉毛，這彎彎的夠多俏！今晚的天空像她的愛情，這藍藍的夠多深……」〈兩地相思〉

徐：我在劍橋的那半年，生命似乎受了一種偉大力量的震撼，不分晝夜，不分陰晴，什麼成熟未成熟的意念都在指間散作繽紛的花雨……。

記：除了對林徽音表達狂熱的愛外，對您的妻子有沒有一絲懊惱歉疚？

徐：喜怒哀樂全集心頭，怎會沒有？看「一片，一片，半空裡掉下雪片；有一個婦人，有一個婦人，獨坐在階沿，獨自在哽咽……我不見了我的心戀。松林裡，山腳下，有一隻小木篋，裝著我的寶貝，我的心。三歲兒的嫩骨！昨夜我夢見我的兒：叫一聲：『娘呀！天冷了，天冷了，兒的親娘呀！』……方才我買來幾張油紙，蓋在兒的牀上；我喚不醒我熟睡的兒……我因此心傷。」〈蓋上幾張油紙〉

記：這是爲您那被遺棄的妻子，以及那因離婚而夭折的二兒子——彼得而寫的。

徐：這是我終生之痛。

記：在文風鼎盛、風光如詩的劍橋，您瘋狂的一口氣寫下了豐富不朽的詩篇，您不再關懷政治、社會、財經，決定以文學——尤其是詩，作爲終身職業的雄心大志。此刻想來是否還有一絲絲得失之心？

徐：此刻回味我這一輩子就只（西元一九二二年）那一春……算是不曾虛度；就只那一春，我的生活是自然的，是真愉快的——當然那也是我最感受人生痛苦的時期。

記：結果，中國少了一個政治經濟學家，多了一個詩人、文人。

徐：其實在我二十四歲（西元一九二〇年）以前。詩，不論新舊，與我是完全沒有相干的，直到在倫敦遇見了林徽音，感覺到生命靈感的源泉，像山洪爆發似的向四面八方發射……。

記：當時您的詩興、詩情、詩意泰半都是她撩撥出來的。

徐：對了，我們家從明朝永樂以後，就沒有寫過一行可資傳誦的詩。

記：後來呢？

徐：等到劍橋放暑假，我立刻回到上海，再追到北京……，並在報端發表了〈徐志摩離婚通告書〉。

記：林小姐被您這種「千里追蹤」的舉動所感動了？

徐：我們是很要好的朋友，我們一起排練印度詩人泰戈爾戲劇〈齊德拉〉，我扮愛神，她扮公主，她爸爸也參加演出。泰戈爾訪華時，我們一起接待與翻譯……。

記：那段日子是怎麼樣的心境？

徐：有時我決意要娶她，有如飛蛾撲火，有如殘翼灰滅在烈火之中……。

記：可是她從未說要嫁您，雖然她也愛您。

徐：有時我無助得只好祈求愛神，乾脆把我這顆赤裸裸的愛心，磨成齏粉，散入西天白雲中……。

記：可憐的大詩人，被一個小女人折磨得死去活來！這個無毒不丈夫的小女人，到底懷的什麼鬼胎！

徐：後來我才知道，原來早在西元一九二二年年底，她就答應做梁家的媳婦——嫁給梁啓超的兒子梁思成，可是她又爲什麼「東邊下雨西邊晴的，道是有情卻無情的」跟我打得火熱？是不是她太年輕不懂事！

記：少女情懷總是春！對於一個天才洋溢、風流倜儻的詩人、大學教授，誰能抗拒！當當情人可以，但要負託終身那可是阿婆仔生囝——正拚呵！

徐：我爲什麼不可以做她丈夫？

記：您年齡大人家九歲又因爲婚變被逐出家門，失去了經濟後盾……。

徐：年齡不是距離，金錢也不是問題……

記：梁家在學術與政治界的地位，絕不是你們徐家可比的！

徐：那她乾脆事先講明多好！或者他們兩人趕快結婚，讓我死心！

記：一、她怕您傷心；二、您是梁啓超的愛徒；三、大家都是朋友，話講得太透反而不好。

徐：直到西元一九二四年五月二十三日，我陪泰戈爾西去太原，林徽音只來送行卻不能同行，要與梁思成雙雙赴美求學，謎底終於揭曉了。

記：黯然神傷，失魂落魄，唯別而已矣！

徐：一時間我心酸得比哭更難過，一天的烏雲，什麼光明的消息都没有，留給我的只是惆悵和失望。

移情於小曼

記：追求林徽音失敗，您嘗到失戀的痛苦。

徐：我只好日夜流連於舞榭歌台，麻醉我自己，因而遇到了陸小曼。

記：誰是陸小曼？

徐：小曼名眉，蘇州美女，喜愛文學藝術，通洋文，也能寫作……。

記：她幾歲？是那家的千金小姐？

徐：那年她二十二歲，嫁了個大她七歲的軍人丈夫叫王賡的，當過哈爾濱警察局局長。

記：當軍人的太太一定很沒趣，難怪您有機可趁。

徐：王賡是西點軍校畢業的，而且還是我的好朋友，由於學非所用，工作無法施展，只是日夜攜著美麗的太太在交際場中周旋，王賡後來離職，搬到北京，小曼仍然過著這樣的生活。

記：老夫少妻也只好這樣慣著她。

徐：跳舞、票戲、繪畫、寫作、打牌、抽鴉片……樣樣來，件件通。連一艘小船下海，也要她去擲瓶。

記：這麼說來小曼是個愛慕虛榮、貪圖享受、會花錢、十分懂得玩樂的闊家少婦……。

徐：可是她的內心卻十分苦寂，有如沙漠中的仙人掌；她和丈夫間並無感情，只是他身邊的一個擺設和裝飾而已。

記：這時您義不容辭發揮了詩人特有的大愛與俠義精神，要去拯救美人。

徐：小曼自從遇到我以後，一往情深，彼此的戀情已經到了濃得化不開的程度……。

記：是時也，正是您失戀於林徽音之時，加上先前跟張幼儀的離婚事件，現在又加上與有夫之婦熱戀，豈不轟動了整個北京城。

徐：那時候除了我二人之外，我們的戀愛遭到所有的人的反對，在輿論、親友、師長的撻伐下我被迫於西元一九二五年二月到歐洲避一避風頭。

記：這邊留下陸小曼繼續「婚姻革命」的奮鬥。

徐：直到八月間小曼終於離了婚，我才從歐洲回國。

記：這六個月異地相思之苦，你們是如何渡過的？

徐：把滴不盡的相思血淚化做文字，《小曼日記》、《愛眉小札》以及《翡冷翠的一夜》，都是這一時期留下的作品。

記：您回國後與小眉有情人終成眷屬？

徐：在我父親：一、婚費自籌，家庭不管；二、必須請任公啓超證婚；三、婚後必須回到故鄉，與翁姑同住的「一自二必」條件下結婚。

記：從此，詩人與美人過著「只羨鴛鴦不羨仙」，守著月，守著眉的快樂日子！

徐：我終於從苦惱的人生中掙出了頭，比做一品官，發百萬財，乃至身後上天堂，都來得寶貴，我們把生活點滴的甜蜜與美麗都記錄下來……。

記：那就是您的《眉軒瑣語》？

徐：對！可是好景不長，結婚才一年，由於孫傳芳與盧永祥、何豐林等軍閥在浙江的爭霸戰，我們只好跑到上海避難。

記：您與愛眉相守偕隱之志，一時不能達成……。

徐：小曼回到十里洋場的上海，「老毛病」又犯了。

婚後生活，江郎才盡

記：什麼老毛病？

徐：成天的票戲、捧伶人、跳舞、打麻將……又因爲她有心臟病與精神躁鬱症與暈厥症，三天兩頭的叫她的「偶像伶人」翁瑞午爲她推拿按摩心臟，同時藉抽鴉片來減輕麻醉痛苦。

記：心頭的壓力十分重。

徐：龐大的醫藥費、鴉片錢外，還得陪她跳舞、演戲、打麻將……。

記：這麼大的經濟壓力，您如何吃得消？

徐：没辦法啊！我在上海同時辦《新月詩刊》與新月書店以及中華書局的編輯，在上海光華大學、大夏大學、東吳大學與南京中央大學四個學校兼課。

記：您這是一根蠟燭五頭燒，怎麼得了。

徐：誰說不是？我很想在霜濃月淡的冬夜獨自寫下幾行從心靈暖處來的詩句。

記：這時候的「徐太太」再也不是往日的眉妹，陪您一起上山、聽泉、折花、眺遠、嗅草、捕蟲、尋夢……《眉軒瑣語》。

徐：不幸的讓任公言中了。

記：怎麼說？

徐：任公在我倆的婚禮上，教訓我們：「青年爲感情衝動。不能節制，任意突破禮防的羅網，其實乃是自投苦惱的羅網，真是可痛，真是可憐……。」

記：您在婚禮上受得了？

徐：那有什麼辦法，誰叫他是我的老師。

記：搞不好，是您父親授意他的。

徐：他還說，看著我找得這樣一個人做伴侶，怕將來痛苦更無限，將來會把志摩弄死。

記：任公也不夠意思，讓他二兒子思成霸著林徽音不放……。

徐：我原巴望與多才多藝的小曼，能夫倡婦隨，在文學上大展身手，共同為人類進化史上畫高一度水平線。

記：您的創作生涯反而塵封了。

徐：婚後的第一年我的筆尖可說被愛情膠住，以後的四年則「內心慘痛而口中默然，微笑在人前，忍受在人後……」。

記：您為了南北趕課，為了參加在北平林徽音主講的一場建築藝術的演講會，您搭上了失事的送郵件班機，揮一揮衣袖，不帶走一片雲彩，瀟灑的走了，留下了傷心、錯愕、後悔、百感交集的四位您愛過的美女。

徐：其實，即使我不死於空難，也會死於衆叛親離，死於心肝五臟都壞了、乾了、完了的境地！

記：「弱水三千，但取一瓢飲」，天才詩人，大衆情人，您安息吧！

後記

詩人在三十六年的短暫歲月中，以他翩翩風度，詩才萬千，風靡了當時衆多少女，而詩人的愛濃得化不開，多得潺流不息，而其中關係最深的四個女人是：

張幼儀女士，門當戶對的髮妻，一個兼具舊三從四德的堅强新女性。與詩人結縭七年後離婚，但她獨立撫育幼兒，以義女的名義侍奉徐家兩老。詩人的死使她哭倒在棺前，一肩承擔起詩人善後的處理，三十年獨身未再嫁，終於在中國婦教服裝界，以及金融界開創一片天，她分別開辦「雲裳服裝公司」與「上海女子儲蓄商業銀行」。

志摩的死，許多的自責、負疚、懊惱全集中於小曼心頭，她身負扼殺詩人創作的靈感與意念，五年的相聚只帶來一個幻影，從此她案頭供著詩人的遺像，努力做詩、用心學畫、戒絕鴉片、翻譯泰戈爾的小說，企圖亡

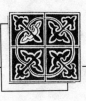

羊補牢，挽回失去的一切。

詩人一生愛得最入骨、最瘋狂要算林徽音了，她像極了「愛的天使」長相左右在詩人身旁，形影常繞他心頭，卻又抓不住、看不清，剪不斷、理還亂。她撿拾了飛機殘骸一片，掛在臥室，永爲紀念，直到五十一歲憂鬱而死，她的一首詩〈別丟掉〉卻在「山谷中留著有那迴音」；她的「你是一樹一樹的花開，是燕在樑間呢喃，你是愛，是暖，是希望，你是人間的四月天」至今仍然讓人低迴吟詠不已；至於她與詩人之間，嘔心泣血的情書與情詩，說什麼她也不願與別人共享，那是他倆心靈的共有財富。

至於那個旅居英倫從未正面現身的淩叔華女士（陳西瀅夫人）擁有詩人七、八十封的信件、英文日記多冊、以及兩本小曼的初戀日記，也都因爲「詩人沒有交代公開」而不願公開——也許讀者永遠見不到了。

至於女作家冰心女士，當詩人覺得他的「心肝五臟全都壞了、乾了、完了……」好幾次「要到妳那裡聖潔的地方去懺悔。」那又是濫情的外一章。

「自古多情空餘恨」，志摩啊！志摩！要是當年接受命運的安排，與幼儀相守相護，生他一打天才的孩子，安享永年，完成「創造宇宙繼起之生命」，不也是很好嗎？何必吹皺一池春水，扮演了既是上帝也是魔鬼的雙重身分，不過，後人可能沒有《人間四月天》的影劇可看了。

世上該有志摩這樣的人，顯得愛情是「彩色的」；世上不該有志摩這樣的人，他使得四個女人的後半生變「黑白的」，還使得很多的女人怨恨「生不逢辰」！

——二〇〇〇．五刊於《國文天地》一八〇期——

跋(一) 太陽何以不說話?

*韓德怡

一般的序、跋都會告訴你們這本書有多好，但今天我要以作者女兒的身分，讓你們更了解這位教授的日常生活，以及對孩子的管教方式，或許對於許多家長們，會是很好的育兒經驗分享呢！

西元一九八一年是我出生的那一年，也正是第一篇〈訪問記〉誕生的時候，訪問記與我同步成長了近二十個年頭。或許是我這調皮的女兒激起了老爸另類的思考模式，有時候爲了文章內容要契合時代潮流，他常跟著我們一起關心「八卦新聞」，看著看著，總是會聽見他說：「唉！現在的年輕人對於影視明星能倒背如流，歷史人物卻不認識幾個，真該多看我的訪問記才是……」。小學的時候，班上同學相當盛行崇拜偶像，當時的我差點被排擠，只因爲我說：「我的偶像是我老爸！」同學都不理解，但我爸爸真的很厲害：他會教我們寫文章，認真地點出起、承、轉、合；會修電

燈、通水管，讓沒救的爛東西起死回生；會對著電視大罵政府官員，理直氣壯地說出自己的理念；而且他還很會「打小孩」（這問我大哥最清楚）；那時候的爸爸，在我心中是又敬又怕，可遠望而不可親近。

每當媽抱怨他不管小孩時，他常說的一句話是：「太陽不說話」。宇宙萬物、天體運行，太陽扮演著何其重要的角色，它總是默默地東昇西落，不邀功也不嚷嚷，爸爸的角色也是如此；他是個身教重於言教的人，沒事就見他捧著本書，休閒如此；通車如此；甚至在號子裡看股票行情也如此！真正符合古人的「馬上精神」。聽說當年到我母親家中提親時也是如此，唬得我外公二話不說呢！念書是他最大的興趣，家裡滿是各種書籍，他希望我們都能像他一般。還曾許下四個孩子各繼承一項特色的宏願，諸如：演說、寫作、政治、教育……等。我則負責了「作育英才」一職。十幾年前他也是跑遍北、中、南的補教界「當紅炸雞」，出版過無數本參考書，旗下學生達六萬人，當今的「沈×哲」、「王×明」……不在他眼下；但他絕對不贊同小孩補習，因爲他深深了解其中的無奈。教育是他一生的志業，公職退休後仍在各大學兼課；哥哥們最愛調侃我：「爸爸教大學，媽媽教小學，妹妹只能教幼稚園。」

小時候的我真的很怕爸爸，媽媽也常用「他」來恐嚇我們，家裡四個兄弟常在聽到開門聲的同時，紛紛溜回自己的房間，畢恭畢敬地坐在書桌前，我根本不敢和他多說幾句話；從小不怕老師、不怕鬼，就是怕爸爸！一直到慢慢長大，才發現爸爸心思細膩的一面。最令我印象深刻的是高中聯招時，爸爸一直很欣賞當時尤縣長所辦的完全中學，考前就帶我去看「羣山環抱」下的學校，而偏偏我這不爭氣的女兒，考了個登記邊緣，有可能撕不到榜單的分數。父女兩人坐在現場聽著分數，眼看名額越來越少，很多人都不抱希望地紛紛離去，只有爸爸秉持「希望是留給堅持到最後一秒鐘的人」的信念，一直陪在我身旁，我也真的很害怕讓他陪我白跑一趟，會被罵得更慘，就在這種緊張害怕的氣氛之下，我搶到了倒數第三個名額。我對爸爸的信任，也在那時候迅速成長。不過事後他卻對我說，他早已買好的軍校簡章，白費了。他這種臨危不亂卻「做最好的希望，最壞的打算」處事原則，帶給我相當大的啓示，在任何時候保持的「進可攻、退可守」的狀態，總能不疾不徐地達成目標。高三那年參加師院的推薦甄試，帶著我的常勝軍老爸，下台中共赴考場。臨考前，爲了才藝表演還苦練了他的成名曲（他這一生唯一會唱完的全曲）「白浪滔滔我不怕

……」的〈捕魚歌〉。完全沒有鋼琴底子的我，還是硬著頭皮完成了一場自演、自彈、自唱的「才藝表演」。當時主考官還很驚訝地問我學了幾年的琴呢！在那一次的考試當中，我很清楚的看見一個比我還緊張的人，不斷的在旁鼓勵我別緊張。爸爸常常告訴我們世界上唯一能相信的人就是自己，他有他自己的一套無神論，遇到困難與其求神問卜，不如相信自己，關於這一點，我不但相信自己，更相信他！

爸爸自從公職退休後，家中大小事務便由他掌管，在老媽回鍋當「高齡學生」開出「結婚三十年，換人做看看」的條件下，三餐料理、採買……等瑣事都一肩扛起，他似乎也樂在其中，況且爸爸做的料理，別有一番江浙風味唷。很多人在退休之後總是不知該如何安排自己的生活，爸爸能做的事反而更多。S.S.S.S.（Studying, Serving, Swimming, Sleeping）是他每天必完成的四件事，運動健身是相當重要的一環，每天一定到游泳池報到，不論寒暑，加上偶爾揮揮桿、騎腳踏車買菜、散步接小孫子放學……還有每月一次的愛心掃街活動，已達耳順之年的他，不用歐蕾、不用SK-II，照樣讓你看不出來。爸爸在致力教書之餘，一方面也廣泛的學習新鮮事：曾參加過攝影、老、莊哲學；學客語、唱客家山歌的研習，更打算下一本書要出老子思想的中英對照版（別忘了捧場喔！），這樣的努力精神潛移默化地影響著我們；他最愛從打橋牌、百分、拱豬等遊戲中培養我們邏輯思考和果決的能力，就連我中文打字的功夫，也是不知不覺地隨著他文章數的增加而進步神速。不看「帝國主義」電影，只看「祖國台」CCTV4的他，深信中國古文化的偉大與奧祕；一切崇尚自然，吃水果不削皮、吃稻麥只去殼，並謝絕任何再製品，讓全家人個個健康、高䠷。

今年暑假和爸爸參加同鄉會所辦的在台學生浙江參訪團，不僅一圓他返鄉的夢，也讓同團的大學生對平時高高在上的「教授」有了新的一層認識；而我，更是和爸爸拉近了不少距離，小時候印象中的那個「嚴父」已漸漸被現在這個明理、風趣且很愛我們的爸爸所替代。我想，在你們看過他的書後，想必也會有不同的新認知，還會打從心底佩服他！

＊本文作者為韓家長女、排行老四，現就讀國立台中師院幼教系三年級。

跋㈡　我的另一半

*劉玲玲

一幌眼，一樁南轅北轍不被看好的婚姻，竟然神奇的維繫了卅多年，而且看起來還挺幸福美滿的。然而，其中的酸甜苦辣卻也「寒天飲冰水，點滴在心頭」。

從所謂的「軍政時期」說起：他——韓廷一，一個十足百分百的大男人主義者，I、me、myself，三位一體，只信自己，不信鬼神、不畏邪惡、不惹醫生、不買保險，自己接受的是師範教育，對孩子則行斯巴達教育。把老婆當學生一樣管教——先來個約法三章：第一，一日烹煮三餐，非正當理由，不得外宿、外食，每餐一定要魚、肉、豆、蛋、奶五大營養齊全，缺一不可；由此，家中成員的健康狀況是不容置疑的。第二，不可以抹化妝品、不可以燙頭髮；他講求的是清湯掛麵自然美，拒絕僞裝、拒絕污染——雖然娘家開的是美髮院。第三，不得單獨一人回娘家，讓鄰居

「誤會」，夫妻吵架了。

其次：進入「訓政時期」，新車有磨牙期，婚姻也一樣。我倆成長在截然不同的生活背景下。夫家十分嚴苛，娘家則溫馨和樂，爲了觀念上的溝通，孩子的管教問題，三天一小吵，五天一大吵，在所難免。慶幸的是，每吵一次，彼此的距離就拉近不少，夫妻的情感也增進不少。

最後是還政於民的「憲政時期」。事實上，老公常標榜的一句話：「太陽不說話！」當家中有大事的時候，才由他來做決定，然而到如今，也不曾有什麼大事發生！

有一件是他認爲這輩子做得最正確的事，那就是娶到在下爲妻：溫、良、恭、儉、讓，完全合乎他的娶妻要求。四個孩子在他以身作則——從早到晚數十年如一日，每天手上必捧著一本書閱讀；而我辭去高職任教的工作，親自哺育母乳，專職帶孩子的情況下：長子在台大醫院任復健科住院醫師，長媳任職農委會，爲台大博士候選人；次子服務於貿易公司；參子在桃園榮民醫院當臨牀心理師；小女兒念台中師範學院幼教系；我也不甘落人後，目前在國立台北師範學院進修中。

他有時霸道囂張，其實他是具有這個條件的。自幼苦讀出身，以一個

眷村的孩子來看，不但沒有學壞，書還念得挺不錯。花蓮師範畢業，努力考上政大，政戰政研所，美國西太平洋大學博士，英國公費留學……在在顯示他刻苦上進的精神。一件衣服非穿到不能再穿，才捨得拿去當抹布用；出門不開轎車、不騎機車；總是踩輛破單車，或者乾脆安步當車，以達健身目的。家中誓死不裝冷氣，他說：「裝冷氣是以鄰爲壑，典型的將自己的快樂，建築在他人的痛苦上。」他，簡直就是現代苦行僧的翻版。

他在幾所大學裡任教，要學生勤讀四書、四史，求學問從根本——讀字典做起，由小學、初中、高中、補習班到大學。孔子桃李三千，他則「芭樂」滿天下，少說也有六萬人。

柏楊先生有「立德、立功、立言、立正」四不朽之說。他不敢奢望立功、立德——社會成本太高，亦不甘「立正」聽命於人。近幾年陸續出版了《韓昌黎思想研究》商務版；《瞄準英國》《馳騁英倫》幼獅版；《挑戰歷史》萬卷樓版；到這本《顛覆歷史》。每一本書都是他嘔心瀝血，嘻笑怒罵下的精彩傑作，相信欣賞過的讀者一定感同身受，預祝我的丈夫能更上一層樓，順利達成他自己的期許——著作等身！

在此，我率領兒孫八人向一家之主的領航人，致上最高的敬意與祝福，也希望他帶領我們航向幸福之島。

*本文作者，乃韓家掌門「內人」，曾任高中教師；現任國小教師，並在國立台北師院初教系進修。

顛覆歷史——超時空人物訪談

著　　者：韓廷一
發 行 人：許錟輝
責任編輯：李冀燕
出 版 者：萬卷樓圖書有限公司
台北市羅斯福路二段41號6樓之3
電話(02)23216565・23952992
FAX(02)23944113
劃撥帳號 15624015
出版登記證：新聞局局版臺業字第5655號
網站網址：http://www.wanjuan.com.tw/
E-mail：wanjuan@tpts5.seed.net.tw
經銷代理：紅螞蟻圖書有限公司
台北市內湖區文德路210巷30弄25號
電話(02)27999490
FAX(02)27995284
承印廠商：晟齊實業有限公司
電腦排版：浩瀚電腦排版股份有限公司
定　　價：280元
出版日期：民國90年1月初版

ISBN 957-739-329-2